レリーフ編み

マルティナさんが生み出す
Opal毛糸の新しい楽しみ方

梅村マルティナ
Umemura Martina

レリーフ編み Contents

- 4 楽しさ広がる、Opal毛糸の新しい世界

レリーフ編みって？
- 6 アームカバー
- 8 Ｉコード
- 10 腹巻帽子
- 12 縦柄の靴下

レリーフの編み方
- 17 ステッチ
- 18 左階段
- 18 はしご
- 19 右階段
- 19 左坂道
- 19 柱
- 19 右坂道
- 20 ファスナー
- 21 ロングフリンジ
- 21 ショートフリンジ
- 22 四角 裏編み
- 22 四角 表編み
- 22 四角 ゴム編み
- 22 四角 ブリッジ
- 23 四角 なわ編み
- 23 四角 透かし編み
- 24 蝶
- 25 玉 表編み
- 25 玉 裏編み
- 26 三角
- 27 ハート
- 28 Ｉコードリング
- 29 Ｉコードクロス 裏編み
- 29 Ｉコードクロス 表編み
- 30 波 フラット
- 31 波 右クロス
- 31 波 左クロス
- 32 扇
- 33 ヘアループ
- 34 ブレード
- 35 花
- 35 反対編み

36	レリーフを使って	58	10g以内で編める小物
	37　スヌード		58　エッグカバー
	38　トレンカ		59　ミニ靴下のブローチ
	39　レッグウォーマー		59　Iコードのネックレスとブレスレット
	40　手袋マフラー		
	41　斜め編みマフラー	60	レリーフ毛糸について
	42　ベレー帽（レディース、キッズ）		
	44　ハンドウォーマー		64　KFSオリジナルカラー
	45　ロング アームウォーマー		マルティナOpal毛糸ラインナップ
	46　宇宙人帽子		66　KFS Opal毛糸が買えるお店
	48　模様編みと玉の腹巻帽子		67　色の長さとレリーフの関係
	49　ロングフリンジのビーニー		68　つくり目
	50　オーバースカート		68　針を残すつくり目
	51　ルームシューズ		69　編み進むつくり目
	52　バックワーズ ベスト（レディース、キッズ）	70	How to knit
	54　バックテール ベスト		71　つま先部分を写真で解説
	55　丸ヨークセーター		縦柄の靴下の編み方
	56　オリジナル毛糸のブランケット		77　各作品の編み方
	57　レリーフ毛糸のブランケット		109　棒針編みの基礎

楽しさ広がる、Opal 毛糸の新しい世界

　一本の毛糸を編み進むだけで、わくわくする色が模様となって、魅力的なレリーフが浮き上がる……そんな魔法のような編み方が、誕生しました。それが、Opal 毛糸のレリーフ編みです。

　南ドイツでつくられている Opal 毛糸は、魔法の毛糸。ただただ、くるくると編んでいるだけで、わくわくするような色と柄が生まれてきます。この「魔法」については、『しあわせを編む魔法の毛糸』（扶桑社刊）でご紹介したとおり。この本をきっかけに、驚くほどたくさんの方々と、魔法の毛糸と暮らすしあわせを分かち合えて、わたしの喜びもどんどんふくらんでいきました。

　もっともっと、みなさんとしあわせを分かち合いたい。そう思いながら毛糸とたわむれているうちに、発見してしまったのです。
　Opal 毛糸が教えてくれる、さらに豊かで楽しい世界を！

　色の変わり目で簡単なアクションを起こすと、楽しいレリーフが、カラフルな編み地から浮き上がります。「レリーフは、あとから編み足したの？」と尋ねられるけれど、いえいえ、ただ一本の糸を棒針で編んだだけ。編み地裏も、すっきりとしてきれいです。シンプルだけれど、遊び方も、パターンも無限。レリーフ編みを思いついてからはすっかり夢中になってしまって、これまでに 30 種以上のパターンを考えつきました。

　この不思議で楽しい魔法の遊びは、始まったばかり。ニットを愛する人たちの手から手へと、世界中に広がっています。まだまだレリーフのパターンも増えていくでしょう。失敗はありません。どんなアクションも、きっと新しい発見につながります。ぜひ、手を動かしてみてください。きっと楽しくて、やめられなくなります。
　さらにわくわくする魔法を、一緒に見つけていきましょう。

梅村マルティナ

レリーフ編みって？

段染めの毛糸を編み進めていって、糸の色が変わったらアクションを起こす。これがレリーフ編みの基本。蝶やハート、玉模様、坂道にはしご……さまざまな模様が、レリーフ（浮き彫り）のように浮き上がってきます。

アームカバー

寒い季節のうれしいアイテム。シンプルなメリヤス編みをベースに、「糸が赤になったら蝶」「ツートンカラーでヘアループ」など、ルールによって編み地の表情もがらりと変わります。

How to knit P.78〜79

Iコード

棒針2本で長いひもをつくりながら、レリーフを編み込んだり、ビーズを通したり。その使い道も、ラッピングや靴ひも、三つ編みにしてポシェットの肩ひもにと、発想豊かに広がりそう。

How to knit P.77

腹巻帽子

細身の腹巻きが、すっぽりかぶれば帽子に、首に通せばネックウォーマーに。2種の毛糸それぞれに異なるレリーフを施していくと、それぞれの模様が響き合って、いっそう豊かな表情に。

How to knit P.80〜81

縦柄の靴下
レリーフ編みの魅力がたっぷりと発揮されるのが、この靴下。
別糸を使わずに編める画期的な手法で、足底にはレリーフを入
れないため、はき心地も抜群。プレゼントにも喜ばれます。
How to knit P.71〜76

レリーフ編みの靴下は、足を通してみると模様がくっきりと浮き上がって、陰影がついて美しくなります。縦に模様が入るので、足元がすらりと見えるのも、この靴下の特徴です。

グリーンのワンピース、黒のリボン付きスカート、キャメルのシャツワンピース／すべてコンジェ ペイエ アデュー トリステス

レリーフの編み方

単純なアクションを繰り返すだけで、模様と陰影が魔法のように広がっていく。これが、レリーフ編みの魅力です。ここでは、基本的なレリーフの編み方32種をご紹介します。1種を反復しても、いくつか組み合わせても。

✻ ステッチ

〈編み方図〉 ループの先、上の目と一緒に編む　　赤い線は糸の渡し方　　糸の渡し加減などで、ステッチの回数が変わる

糸を手前側と向こう側に交互に渡しながら編み、ステッチのように見える編み方。
（目数を変えることでステッチの雰囲気が変わる）

1. 色の変わったところをループにして手前側に引き出す

2. 1のループをそろえて左手で押さえ、表目3目編む

3. ループを向こう側にする

4. 表目1目編み、ループを手前側にする。2〜4を繰り返す

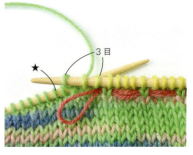

5. ループが写真のように、表側に渡るまで編む。ループの先と同じ位置の目（★）を確認する

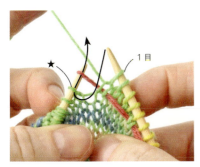

6. ループを向こう側にして手前の目（今回は1目）を編み、ループを左針にかける。矢印のように右針を入れる

7. 糸をかけて引き抜き、表目を編む

8. 6・7でループの先が裏側で一緒に編まれる。一緒に編む目（★）はループの長さと合わせて調節する

17

❋ 左階段

表側を編むときのみに糸を渡しながら編む。
2段ごとに1目左側にずらすことによって階段状の模様になる。

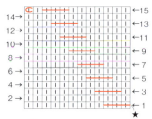

〈編み方図〉

糸の渡し加減などで、階段の回数が変わる

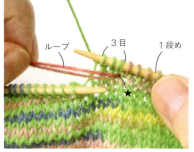

1. 色の変わったところをループにして手前側に引き出し（P.17 1・2参照・★）、表目3目編む

2. ループを向こう側にし、1段めの残りを表目で編む。裏に返し、次の段（2段め）を裏目で編む

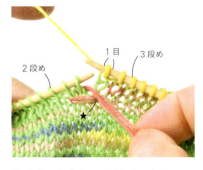
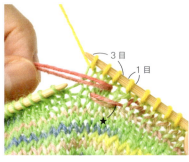

3. 3段めを★印の1目左まで表目で編み、ループを手前に出す

4. 表目3目編み、ループを向こう側にする。2〜4を繰り返す

5. 2段ごとに1目ずつ、左方向にずらしてループを渡す。ループの先と同じ位置の目を一緒に編む（P.17 5〜8参照）

❋ はしご

「左階段」と同様に表側を編むときのみ、手前に糸を渡して編む。
常に同じ位置、同じ目数で糸を渡す。

〈編み方図〉

糸の渡し加減などで、はしごの回数が変わる

1. 色の変わったところをループにして手前側に引き出す（P.17 1・2参照）。表目2目編んで糸を向こう側にし、1段めの残りを表目で編む

2. 裏に返し、次の段（2段め）を裏目で編む。3段めを表目で編み、1段めと同じ位置で糸を手前に出す

3. 1・2を繰り返す。ループの先と同じ位置の目を一緒に編む（P.17 5〜8参照）

❁ 右階段

1段ごとに糸を手前に出しながら編む。
2段ごとに1目右側にずらすことによって階段状の模様になる。

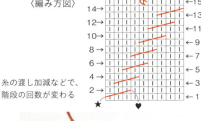
糸の渡し加減などで、階段の回数が変わる

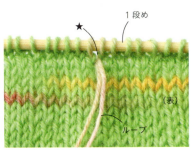

1. 色の変わったところをループにして手前側に引き出し（P.17 1・2 参照・★）、1段めの残りを表目で編む

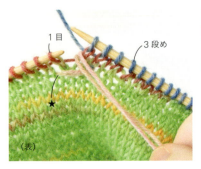

2. 2段めを★印から3目左まで裏目で編む。ループを向こう側から手前に出す（♥）。2段めの残りを裏目で編む

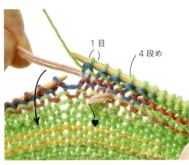

3. 3段めを★印の1目手前まで表目で編み、ループを手前に出す。3段めの残りを表目で編む

4. 4段めを♥印から1目左まで裏目を編み、ループを手前に出す。4段めの残りを裏目で編む

5. 3・4を繰り返す。ループの先と同じ位置の目を一緒に編む（P.17 5〜8 参照）

❁ 左坂道

輪編みで編む。「左階段（P.18）」を参照して、各段ごとにループを手前に出し、図の指示の目数を編んで向こう側にするを繰り返す。

〈編み方図〉 左坂道、柱、右坂道ともに、糸の渡し加減などで渡る糸の回数が変わる

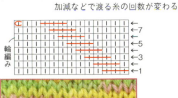

❁ 柱

輪編みで編む。「はしご（P.18）」を参照して、各段ごとにループを手前に出し、図の指示の目数を編んで向こう側にするを繰り返す。

〈編み方図〉
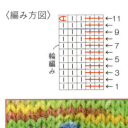

❁ 右坂道

輪編みで編む。ループを手前に出して編む。次の段でループを渡して向こう側にし、図の指示の目数を編んで手前に出すを繰り返す。

〈編み方図〉
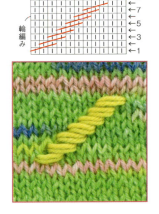

編み方図の見方は P.17 参照

✲ ファスナー

1段ごとに糸を渡して編む。
表側と裏側で渡す位置をずらすことによってファスナーの務歯のような模様になる。

〈編み方図〉

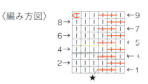

糸の渡し加減などで、渡る糸の回数が変わる

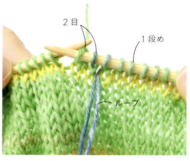

1. 色の変わったところをループにして手前側に引き出し（P.17 1・2参照）、表目2目編む

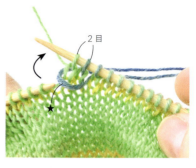

2. ループを向こう側にし（★）、1段めの残りの目を表目で編む

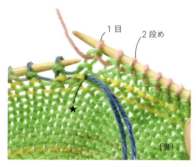

3. 裏に返し、2段めを★印から1目左まで裏目で編む

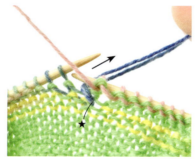

4. ループを向こう側にする

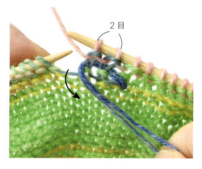

5. 裏目を2目編み、ループを手前側に出す。2段めの残りの目を裏目で編む

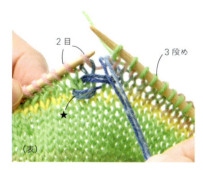

6. 表に返し、3段めを★印の2目手前まで表目で編み、糸を手前側に出す

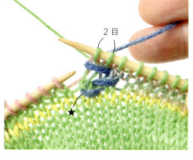

7. 表目を2目編み、糸を向こう側にする。3段めの残りの目を表目で編む

8. 3～7を繰り返す。ループの先と同じ位置の目を一緒に編む（P.17 5～8参照）

✺ ロングフリンジ

引き出してループにした糸をねじり、フリンジにする編み方。
ビーズを通して編むこともできる。

1. 色の変わったところをループにして手前側に引き出す

2. ループの根元を左手で押さえ、ループの先（★）を右手の人さし指にかけて（30回を目安に）ねじる

3. ★部分を左針にかけ、2のねじった糸に指を入れて均等に整える。指を抜き、さらに整える

4. 矢印のように次の目とループの先（★）に右針を入れる

5. 一緒に表目を編む。※裏目で編む場合は、左上2目一度（裏目）の要領で針を入れ、裏目を編む

✺ ショートフリンジ

「ロングフリンジ」をさらに折って、短くしたフリンジ。
「ロングフリンジ」より短く、太くなる。

1. 「ロングフリンジ」と同様にループを手前側に引き出し、左針にかける

2. 二重になったループの先（♥）を「ロングフリンジ」と同様にねじり、左針にかける

3. 左針にループの糸が3本かかる。「ロングフリンジ」と同様にねじった糸を整える

4. 矢印のように次の目と3の3本に右針を入れる

5. 一緒に表目を編む。※裏目で編む場合は、左上2目一度（裏目）の要領で4目一緒に針を入れ、裏目を編む

四角 裏編み

同じ場所で色の変わった部分のみを往復して編む。
裏目がはっきり見えるように最初と最後の段を表目で編む。

〈編み方図〉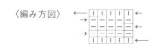

1. 色の変わり目から編み始める

2. 表目で5目編む

3. 裏に返し、表目で5目編む（記号は裏目）

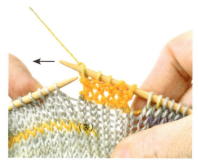

4. 表に返し、裏目で5目、再び裏に返し、表目で5目編む。再び表に返し、表目で5目（レリーフ最後の段はベースの色になってもそのまま）編む

5. 段の残りの目を表目で編み、次の段を編んだところ

四角 表編み

「四角 裏編み」と同様に、色の変わった部分を表編みで編む。

〈編み方図〉

四角 ゴム編み

「四角 裏編み」と同様に、色の変わった部分を2目ゴム編みで編む。

〈編み方図〉

四角 ブリッジ

「四角 裏編み」と同様に、色の変わった部分の中央を表目、両脇を裏目で編む。

〈編み方図〉

❁四角 なわ編み

〈編み方図〉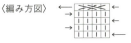

「四角 裏編み」と同様に、色の変わった部分を表編みで編み、最後の段で交差させる。

1. 「四角 裏編み(P.22)」と同様に、色の変わり目から4目の表編みを4段編み、矢印のように右針を入れる

2. 右針に2目移す

3. 移した2目がほどけないように根元を左指で押さえて右針を抜く。左針に残っている2目を表目で編む

4. 根元を押さえていた目を、左針に移し、交差させる。その目を表目で編み、段の残りの目も表目で編む

5. 次の段を編んだところ

❁四角 透かし編み

〈編み方図〉

「四角 裏編み」と同様に、色の変わった部分の1段めをかけ目と左上2目一度で編み、残り2段を表編みで編んでレースのような模様にした編み方。

1. 色の変わり目から糸を針にかけ(かけ目)、矢印のように右針を入れて左上2目一度を編む

2. 「かけ目」と「2目一度」をあと4回繰り返す

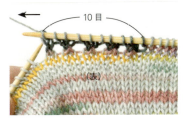

3. 裏に返し、裏目で10目編む

4. 表に返し、表目で10目編む。段の残りの目を表目で編む

5. 次の段を編んだところ

23

✻ 蝶

1段編むごとに糸を手前に渡し、渡した糸の中央を編んで蝶のような模様にした編み方。

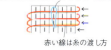
〈編み方図〉 渡した糸を編んだ目と下の目を一緒に編む
赤い線は糸の渡し方

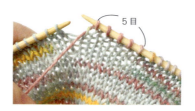

1. 色の変わり目から表目で5目編み、糸を手前側に出す

2. 1で編んだ5目を左針に戻す

3. 糸を手前側から渡して向こう側にする。矢印のように針を入れ、表目で5目編む

4. 糸を手前に出す。2〜4をあと2回繰り返す

5. 糸を向こう側にする。5目の表編み3段に、糸が手前のみに3本渡る

6. 表目を2目編み、矢印のように渡した糸3本の下に右針を入れてから、糸をかける

7. かけた糸を3本の下にくぐらせて引き出す

8. 右針を矢印のように、左針に残った1目めに通して糸をかけ、表目を編む

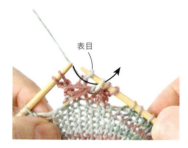

9. 左針を矢印のように7の引き出した目に入れる

10. 引き出した目を9の表目にかぶせる

11. 左針の残りの2目を表目で編む

❁ 玉 表編み

前段の1目から5目編み出し、表編みで3段編んでから5目一度を編んで玉を編む編み方。

〈編み方図〉

1. 色の変わり目まで編んで、次の目（★）に矢印のように表目を編むように右針を入れる

2. 左針にかかっている目（★）は抜かずにそのままにして、糸をかけて引き出す

3. 写真のように★の目に左針の後ろ側から右針を入れ、糸をかけて引き出す

4. 糸を引き出したところ

5. 1〜3を繰り返し、★の目から5目編み出す

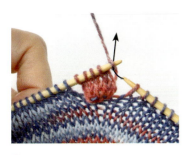

6. 5の5目から表編みで3段編み、次の段で右針を矢印のように入れる

7. 表目を編む。矢印のように表目に左針を入れ、目を左針に戻す

8. 右針を次の目に入れ、残りの4目を右から順に7の目にかぶせる

9. 5目が1目になる（5目一度）。右針を矢印のように入れる

10. 表目を編む（目を落ち着かせるため）

❁ 玉 裏編み

〈編み方図〉

「玉 表編み」と同様に前段の1目から5目編み出し、裏編みで3段編んでから、5目一度を編んで玉を編む編み方。

☀ 三角

編み進むつくり目でくさり目をつくり、三角形の形に編みとめる編み方。

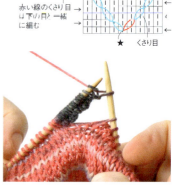
〈編み方図〉
赤い線のくさり目は下の目と一緒に編む
★ くさり目

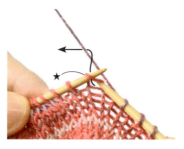

1. 色の変わり目まで編み、次の目（★）に矢印のように右針を入れ、引き出す。★の目が三角形の頂点になる

2. 編み進むつくり目（P.69参照）を色が終わるまで（写真は17目）編む

3. 最後の右針にかかっている目を残し、左針を抜く（目を落とす）

4. 落とした目に指を入れて引っぱる。目がほどけ、くさり目になる。右針にかかっている目を左針に移す

5. 矢印のように★の目と移した目を一緒に編む。段の残りの目を表目で編む

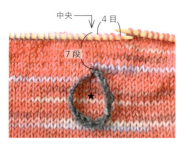

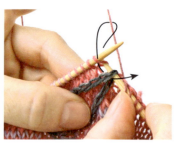

6. 表編みであと7段編む。次の段は★の上の目（中央）から4目手前まで表目を編む

7. 矢印のように、くさり目の下から5目めに針を入れる

8. 7のくさり目と次の目を一緒に糸をかけて編む

9. 次の目とくさり目が一緒に編めたところ

10. 表目7目編み、右針をくさり目の反対側の下から5目めに入れる

11. 8と同様に次の目と一緒に編む。くさり目が三角形の形になる

❋ ハート

編み進むつくり目でくさり目をつくり、ハートの形に編みとめる編み方。

1. 色の変わり目まで編み、次の目（★）に右針を入れ、編み進むつくり目を色が終わるまで（写真は15目）編む（P.26　1・2参照）

2. くさり目の目を落として整え、★の目と一緒に編む（P.26　3〜5参照）。段の残りの目を表目で編む

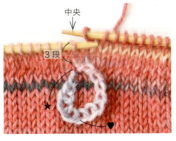

3. あと3段編み、次の段は★の上の目（中央）の手前まで、表目を編む

4. 矢印のようにくさり目の中央（♥）と次の目（中央の目）に右針を入れる

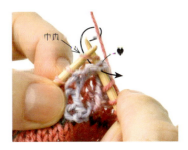

5. 矢印のように糸をかけ、中央の目と4のくさり目（♥）を一緒に編む

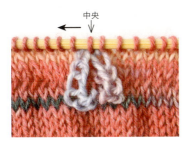

6. 段の残りの目を表目で編み、裏に返してあと1段編む

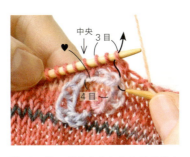

7. 6の次の段を中央から3目手前まで編み、矢印のように6のくさり目の中央（♥）から4目めと次の目に針を入れる

8. 糸をかけて、一緒に編む（P.26　8参照）

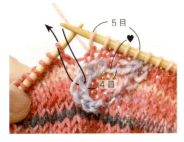

9. 表目5目編み、6のくさり目の中央（♥）から反対側4目めと次の目に針を入れる

10. 糸をかけて、一緒に編む

11. 10を編んだところ。くさり目がハートの形になる

編み方図の見方はP.26参照

❋ Ｉコードリング

Ｉコード（2目の表編み）をリング状に編む編み方。

1. 色の変わり目から表目を2目編む

2. 1の2目を左針に戻す。右針を矢印のように入れる

3. 表目を編む

4. 残りの1目を編む

5. 2〜4を繰り返し、色が終わるまで編む。Ｉコード（2目の表編み）の編み上がり

6. Ｉコードの目を左針に移し、右針を矢印のように編み始めの下の段の目（★）に入れ、左針にかける

7. Ｉコードの1目め（☆）と6の目（★）に右針を矢印のように入れる

8. 糸をかけて☆と★の目を一緒に表目で編む

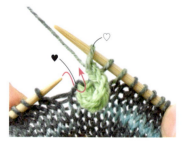

9. 2目め（♡）を右針に移し、左針を矢印のように、Ｉコードの編み始めの下の段の目（♥）に入れる

10. ♡の目を左針に戻し、右針を矢印のように入れる

11. 2目一緒に表目を編む。Ｉコードがリング状になる

❋ Iコードクロス 裏編み

Iコード（3目の裏編み）をクロスさせる編み方。

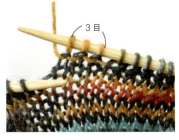

1. 色の変わり目から裏目3目編む

2. 1の3目を左針に戻す

3. 再び裏目を3目編む

4. 2・3を繰り返し、色が終わるまで編む。Iコード（3目の裏編み）の編み上がり

5. 編み終わりの3目の根元を左指で押さえる

6. 5の目がほどけないように、右針を抜く。右針の上に抜いた3目を重ね、右指で押さえる

7. 次の目に矢印のように針を入れ、表目で3目（クロスする分）編む

8. 6で抜いた3目を左針に通す

9. 8の目を手前でクロスさせて表目を編む。Iコードクロス 裏編みの編み上がり

❋ Iコードクロス 表編み

Iコード（3目の表編み）を編み、「Iコードクロス 裏編み」と同様にクロスさせる。

波 フラット

目と目の間で針に糸を巻き、目を長くする編み方。
巻く回数によって長さを調節できる。

〈編み方図〉→
○囲みの数字は針に巻く回数

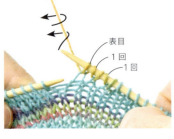

1. 色の変わり目から表目1目編み、矢印のように右針に糸を巻く（1回巻く）

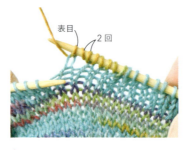

2. 表目1目編む。さらに矢印のように右針に糸を1回巻き、表目1目編む

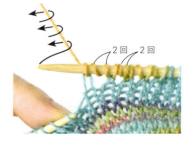

3. 矢印のように、右針に糸を2回巻く

4. 表目1目編む。3・4をもう1回繰り返す

5. 矢印のように右針に糸を3回巻き、表目1目編む。もう1回繰り返す

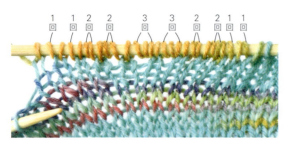

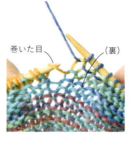

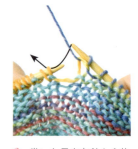

6. 間に表目1目をはさみながら2回巻きを2回、1回巻きを2回編み、続けてこの段の残りを表目で編む

7. 次の段を巻いた目の手前まで裏目で編む

8. 巻いた目を左針から抜く（目を落とす）。矢印のように次の目に針を入れ、裏目を編む

9. すべての巻いた目を落としながら裏目を編む

10. 上下に編み地を引っぱり、目を整える。段の残りを裏目で編む

11. 表側から見たところ

※ 波 右クロス

針に糸を巻き、長くした目の中でクロスさせる編み方。
＊写真は3目と3目をクロスしているが、色が終わるまで裏目と針に糸を巻くを繰り返す

〈編み方図〉
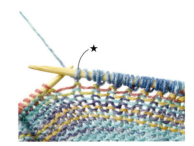
○囲みの数字は針に巻く回数

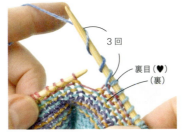

1. 表側でクロスさせるので裏側の段で糸を巻く。色の変わり目から裏目1目（♥）編み、右針に糸を3回巻く

2. 色が終わるまで裏目1目、3回巻くを繰り返す（写真は6回）。最後は裏目（★）を編む

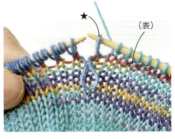

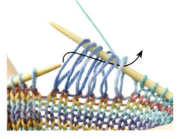

3. 次の段（表側）を★の目の手前まで表目で編む。★の目を右針に移し、巻いた目を落とす

4. 巻いた目を落としながら、1・2で裏目を編んだ目（♥は残す）を右針に移す

5. 上下に引っぱり、目を整える。左針を矢印のように入れる

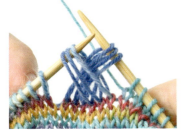

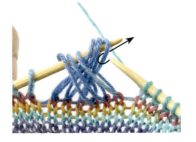

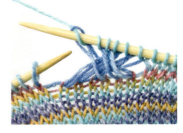

6. 写真のように目の中を通してクロスさせる

7. 右針の目を左針に移し、矢印のように右針を入れ、表目を編む

8. クロスさせたすべての目を、右から順に表目で編む

※ 波 左クロス

「波 右クロス」と反対の向きに、目の中でクロスして編む。

〈編み方図〉
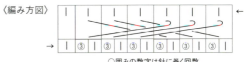
○囲みの数字は針に巻く回数

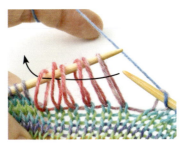

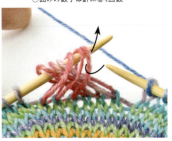

1. 「波 右クロス」1～4と同様に編み、長くした目を左針に移し、右針を矢印のように入れる

2. 目を写真のようにクロスさせ、左針にかける。矢印のように右針を入れ、右から順に表目を編む

❋ 扇

目を引き出してループにし、扇のように編んだ編み方。

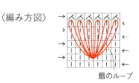
〈編み方図〉
扇のループ

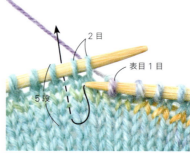

1. 色の変わり目まで編み、表目1目編んで2目先、5段下の目と目の間に右針を入れる

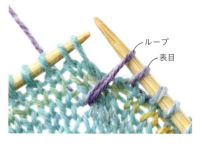

2. 糸をかけて引き出す。扇のループが1目編めたところ

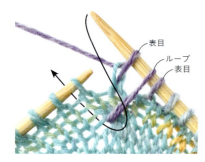

3. 表目を編む。1と同じところに右針を入れ、糸を引き出してループを編む

4. 表目とループを編むを繰り返す（ループを6目引き出す）。残りの段の目を表目で編む。※輪編みの場合は最初にループを編み、表目1目を編む、を繰り返す

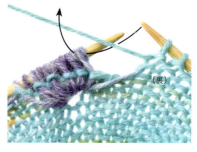

5. 裏に返し、次の段を裏目で編み、矢印のようにループと裏目（1～4で編んだ表目）の2目に右針を入れる

6. 5の2目を一緒に裏目を編む。※輪編みの場合は、2目一緒に表目を編む

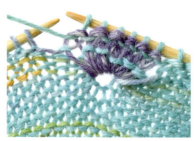

7. 残りの目とループを5・6と同様に編む

8. 表側から見た写真。上下に編み地を引っぱり、扇の形を整える

✿ ヘアループ

1目編むごとに糸のループでフリンジをつくる編み方。

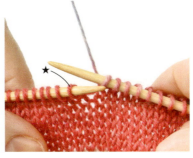

1. 色の変わり目から編み始める。次の目（★）に針を入れ表目を編む

2. ★の目は落とさずに、左針にかけたままにする

3. 右手の人さし指に糸をかけ、手前に出してループをつくる

4. ループの根元（3の♥）を右針と右指で押さえ、★の目に右針を入れる

5. ループを押さえたまま表目を編み、★の目をはずす。左針を矢印のように入れ、2〜5で編んだ2目を移す

6. ループを押さえたまま、右針を矢印のように移した2目に入れる

7. 糸をかけて引き出し、2目を一緒に編む。ループを引いて整える。1〜7を繰り返す

8. カラーの糸が終わるまで、ループをつくって編む

ブレード　編み目の下にくさり目が横に通り、ブレードのように見える編み方。

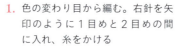

1. 色の変わり目から編む。右針を矢印のように1目めと2目めの間に入れ、糸をかける

2. 目と目の間から糸を引き出す（★）

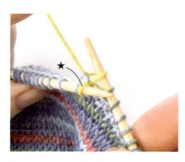

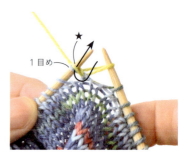

3. 2で引き出した目（★）を左針にかけ、矢印のように後ろ側から1目めに右針を入れる

4. 糸をかけて引き出す

5. ★の目のみに、矢印のように右針を入れる

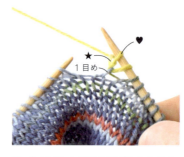

6. 表目を編む（♥）。1目めと★の目を左針から抜く（目をはずす）

7. ★の目と1目めをはずしたところ

8. ♥の目を左針に移す。矢印のように次の目（2目め）に右針を入れ、4～8を繰り返す

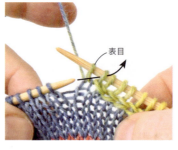

9. カラーの糸を7の状態まで編む。次の目に矢印のように針を入れ、表目で編む

10. 左針を最後の目に入れ、9の表目にかぶせる

11. ブレードの編み上がり

❋ **花** 波 右クロスのように糸を巻いて長くした目の中央を編んでまとめ、花が開いたように見える編み方。

1. P.31 1〜5のように「裏目1目・糸を3回巻く」を繰り返して編み、次の段で目を落として長くし、整える

2. 左針に1を移し、右針を写真のように入れ、糸をかける

3. 糸を引き出し、手前の目（1の★）に左針を入れ、引き出した目にかぶせる

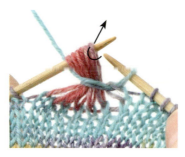

4. 矢印のように右針を入れ、表目を編む

5. 4を繰り返し、長くした目をすべて表目で編む

❋ **反対編み** 反対編みとは「ベースの糸を表編み・カラーの糸を裏編み」のように糸の色によって表編みと裏編みを変える編み方。選ぶ糸の色によっていろんな編み地の表情が楽しめる。

写真は、レリーフ毛糸 リング（Relief 9493）で上半分を反対編みに、下半分をメリヤス編み（表編み）したもの

チャコールグレーのみを裏編みした反対編み（お母さんの笑顔 KFS 115）

黒を裏編みした反対編み（気仙沼 ゼブラ KFS 127）

白がベースの色を裏編みした反対編み（おばあちゃんの笑顔 KFS 114）

色が細かく変わる部分を裏編みした反対編み（紫キャベツ KFS 131）

レリーフを使って ～作品例～

基本的なレリーフの編み方を覚えたら、さっそく手を動かしてみて、暖かい小物をこしらえましょう。編み進む手元で毛糸の色がくるくる変わり、指先が弾んで、アクションをおこすタイミングが待ち遠しくなります。

スヌード

毛糸1玉でつくるスヌードは、ターコイズブルーの編み地にぽこぽこ浮かぶ、4色の玉がポイントです。コーディネートに合わせて正面を変えられる、ワードローブのうれしい味方。最初は黄色、途中は緑と青、最後はピンクと、玉をつくるタイミングを変えます。

Relief >> 玉 表編み、反対編み

 p.82

ツーウェイニット、コーデュロイパンツ／
ともにコンジェ ペイエ アデュー トリステス

トレンカ

しましまトレンカは、ベーシックな服に彩りを添えてくれます。くるくると輪編みを続けながら、チャコールグレーが出てきたら、はい、アクション。こうして施される反対編みが、柔らかな表情を生み出して、暖かな装いの、上品なアクセントになるのです。

Relief >> 反対編み

How to knit P.82〜83

キャメルのシャツワンピース / コンジェ ペイエ アデュー トリステス

レッグウォーマー

KFSの段染め毛糸は、ただただ素編みするだけで楽しい模様が出てくるので不動の人気。そこにレリーフ編みを加えると、さらにキュート。ルールは「黄色になったら三角のレリーフ」、ただそれだけ。素地から浮き上がるカナリアイエローの三角が、効いています。

Relief ›› 三角

How to knit P.83

ベージュのボトルネックニット、リボン付きスカート、レースアップシューズ／すべてコンジェ ペイエ アデュー トリステス

手袋マフラー

新色毛糸「フルーツグミ」で、四角いグミ模様をぽんぽんと散らして。色もレリーフもポップなので、思い切り長く編んでシンプルなアースカラーの装いに合わせると素敵です。かじかんだ手をそっと差し入れれば、指先がふわっと温かくなり、心もほぐれそう。

Relief >> 四角 裏編み

How to knit　P.86

斜め編みマフラー

ガーター編みのベースに、反対編みのニュアンスが加わって。4段ごとに増減を加えた斜め編みマフラーは、首に巻いたときの配色バランスと、垂れ下がりの自然な落ち感が魅力的。細い毛糸で編むので、空気をまとうように軽やかで、コンパクトに持ち運びできます。

Relief >> 反対編みの応用
How to knit P.86

ベレー帽（レディース、キッズ）

帽子のてっぺんの、黒は裏編み、白は表編み。こんなシンプルルールで編み上げるベレー帽。「きまぐれゼブラ」の愛称で親しまれる毛糸が、ユニークな模様を織りなします。レディースは、頭にポンと載せるだけでスタイルよく決まるのがうれしいポイント。キッズは元気に動いても脱げにくいよう、深めにかぶれる形に仕立てます。

Relief >> 反対編み　子どものモデルの身長：100cm

How to knit　レディース P.84, キッズ P.85

グリーンのワンピース /
コンジェ ペイエ アデュー トリステス

ハンドウォーマー

コートの袖口から、深く藍色に染め上げられた、くしゅくしゅのヘアループが、ちらっ。チャーミングなハンドウォーマーは、ファッションアイテムとしても防寒としても便利なアイテムです。手首部分にフィットするゴム編みも、使い勝手のいいポイントです。

Relief >> ヘアループ

How to knit P.87

親指部分は別編みで手のひら側に。手指を曲げやすく、スマートフォンを操作したり、カップを持ったりしやすいのもうれしい

赤のタックブラウス / コンジェ ペイエ アデュー トリステス

ロング アームウォーマー

反対編みを応用して「キャメル色が出てきたらゴム編み」のルールで遊んでみたら、アームウォーマーのでき上がり。ゴム編み部分が腕をソフトにホールドし、肌を温めて、冷えから守ってくれます。親指を編み地の穴から出せば、日常の動作もスムーズに。

Relief >> 反対編みの応用
How to knit P.90

レースアップシューズ / コンジェ ペイエ アデュー トリステス

宇宙人帽子

マフラーはドアにはさんだりしたら危ないし、すぐに落とすし……
それでも温かく、というマルティナさんの母心から生まれた、宇宙人帽子。マルティナさんの家の子たちはすっかり気に入って、外へ出るときは片時も外さなかったとか。北風が吹いても耳が凍えず、ずり落ちないし、かぶるだけで宇宙人（？）に変身できるから。

Relief >> （左）ハート、（右）玉表編み　モデルの身長：100cm（左）、95cm（右）
How to knit　P.88〜89

47

模様編みと玉の腹巻帽子

まるで淡雪と桜のような。早春の情景を思わせる腹巻帽子は、マルティナさんがレリーフ編みを考案するきっかけともなった作品です。上は、白糸1本取りで模様編みを、下は、白糸と段染め糸を2本取りし、色変わりのところで白糸だけ引き出して玉のレリーフを。

Relief >> 玉 表編み
How to knit P.91

ロングフリンジのビーニー

思わずつまみたくなる、ロングフリンジ。縁に反対編みをほどこすから、めくれあがらずフェイスラインになじみます。ドイツでは「クールな男の子に似合う」と、人気上昇中。マカロニにも見えるけれど、マルティナさんの家では「みみずボーシ」と呼ぶそうです。

Relief >> ロングフリンジ、反対編み

How to knit　P.92

オーバースカート

ニットのオーバースカートは、体形を選ばず着こなせるうえに、腰まわりをふんわりと温めるとあって、一度着けると手放せなくなります。「お父さんの笑顔」が織りなす落ち着いたグラデーションを、オリーブグリーンのはしごが点々とつないでいるのが、印象的。

Relief >> はしご

How to knit P.93

ベージュのボトルネックニット / コンジェ ペイエ アデュー トリステス

ルームシューズ

折り紙のように、四角い編み地を連ねて、つないで。靴下よりもうんと簡単で、残り糸でもざくざく編める、ルームシューズです。2本取りならではの暖かさ、そして丈夫さは、寒い季節の心強い相棒。冷えたかな、と思ったら、はき口を伸ばせば、足首までぽかぽかになります。

Relief >> 四角 裏編み
How to knit P.94〜95

バックワーズ ベスト（レディース、キッズ）

四角く編んだ身頃は同じ形で、前と後ろに色違いのレリーフがついたニットウエア、またの名前を「月火ベスト」。月曜に着たら、火曜は後ろと前を逆に着て……と、日替わりで着まわせるからです。袖口は丸まらないよう模様編みに、首元はくるんと巻いて、なじませて、と、シンプルなつくりに、着心地よい工夫もたっぷりと。

Relief >> （レディース）右階段、左階段　（キッズ）蝶　子どものモデルの身長：100cm
How to knit　レディース P.96, キッズ P.97

黒のリボン付きスカート／
コンジェ ペイエ アデュー トリステス

バックテール ベスト

どれも楽しい、レリーフ編み。さまざまなレリーフを一着にぎゅっと詰め込んだら、もっと楽しくなります。編み込んだレリーフは全部で15種、黒の毛糸できゅっと締めました。マルティナさんは、これを着ていると「素敵ね」と声をかけられることが多いのだそう。

Relief >> 反対編み、四角 裏編み、四角 表編み、四角 なわ編み、四角 透かし編み、ブレード、Iコードクロス 裏編み、ファスナー、玉 表編み、玉 裏編み、ステッチ、波 右クロス、波 左クロス、ロングフリンジ、ショートフリンジ

How to knit　P.98〜100

白の切り替えブラウス、黒のベルトパンツ／
ともにコンジェ ペイエ アデュー トリステス

丸ヨークセーター

首元から丸く編みはじめて、そのままぐるぐると身頃に進んで。ヨーロッパのニットファンがいま夢中になっているのが、丸ヨークセーター。シックなチャコール色の毛糸と、レリーフ毛糸を組み合わせて、波のクロスを散らし、落ち着いた印象に仕立てました。

Relief >> 波右クロス、波左クロス
How to knit　P.101〜103

ネイビーワンピース / コンジェ ペイエ アデュー トリステス

オリジナル毛糸のブランケット（P.56）
レリーフ毛糸のブランケット（P.57）

マルティナさんが主宰するKFSのオリジナルカラーで、発色のよいOpal毛糸と、レリーフ編みにより適した配色のレリーフ毛糸。それぞれ、四角いパーツを編んでつなげて、カラフルなブランケットに仕立てました。毛糸が10gもあれば1パーツ編めるので、残り糸をためておいてつくっても、ミニサイズの毛糸玉で編んでみても。

Relief >> 玉 表編み、玉 裏編み、反対編み、Iコードリング、ヘアループ、扇、蝶、ロングフリンジ、ショートフリンジ、花、ハート、波 フラット、波 右クロス、波 左クロス、四角 表編み、四角 裏編み、四角 ブリッジ、四角 ゴム編み、四角 透かし編み、はしご、ステッチ

How to knit　オリジナル P.104〜105, レリーフ P.106〜107

10g 以内で編める小物

卵ひとつ分ほどの小さな毛糸玉でできる、小さなお楽しみをご紹介しましょう。編み物をしたくて指先がうずうずしてきたら、ちょっと空いた時間にぱっとつくって。

エッグカバー

ドイツの朝食にはたいていエッグカバーが登場します。冷めないようにとゆで卵にかぶせられる、家庭の知恵。このカバーは、輪編みの編み地にボンボンを付けたシンプルなつくりで、小さなレリーフが、愛嬌のあるアクセント。手づくりバザーやプレゼントにどうぞ。

Relief >> 反対編み、左坂道、四角 裏編み、四角 透かし編み、玉裏編み、玉 表編み、ヘアループ、蝶

How to knit　P.107

ミニ靴下のブローチ

スクエアのレリーフを施した、手のひらサイズの靴下は、かかともちゃんとついているけれど、編み方はごく簡単。クリスマスパーティーのときに人数分つくれば、会が華やぎます。ツリーオーナメントにしても温かみがあって素敵。

Relief >> 四角 裏編み
How to knit　P.108

Iコードのネックレスとブレスレット

カラフルなIコードは、アクセサリーとしても秀逸のアイテムです。始まりと終わりをつないで接げば、ネックレスに。編み始めにボタンを縫い止め、編み終わりを輪にして止めれば、ブレスレット。ヘアスタイリングするときに、髪に編み込むのも魅力的です。

Relief >> 玉 表編み
How to knit　ネックレス P.108, ブレスレット P.108

レリーフ毛糸について

「レリーフ編み」が誕生したのは、2017年春のこと。できたてのほやほやです。この新しい編み物遊びを考案したマルティナさんは、「世界中の人に、気軽に楽しんでほしい」と、レリーフ編み用の毛糸をつくりました。

左上）レリーフ編みのきっかけとなった靴下「バームクーヘン」。左下）ドイツで出版した『腹巻帽子』の本と「蛍」。右）毛糸のサンプルを考案したときは、100円均一ショップのマーカーで、編み込み模様を着色した

色の変わり目に、無限の自由がある

　メリヤス編みをするだけで、一本の毛糸から、わくわくするような色と柄が生まれてくる、ドイツ生まれのOpal毛糸。その魅力は、マルティナさんの作品集『しあわせを編む魔法の毛糸』をきっかけに、日本中に広がりました。出会った人たちと、もっともっと、喜びを分かち合いたい。マルティナさんの指先が、そして心が、動きはじめました。

　ある日、手元のOpal毛糸で靴下を編んでいたマルティナさん。ちょっとした遊び心から、白の毛糸が出てきたタイミングで裏編みを施してみたのです。編み地がふくらんで、あっ、楽しい！　発想のもとになったのは、ドイツで発表した腹巻帽子「蛍」でした。裏編みをした黄色が、夜空を飛ぶ蛍のようで。

　色の変わり目で、アクション。このシンプルな基本ルールで、楽しみは無限に広がります。せっかくだから毛糸もつくってみようと、マルティナさんは、グレーの毛糸で玉模様を編み込み、模様部分をマーカーでペイント。編み地を解いて、元の毛糸玉にしました。色糸の長さはどれも一緒。糸の色が変わったら、裏編みしても、玉やハートを編み込んでもいい。なんて自由な世界なのでしょう！

左上）レリーフ毛糸のアクションカラーをバランスよく配するための、数式計算。左中）愛読書『ガラス玉演戯』。
左下）TUTTO社創業者の妻、ベアーテさん。右）TUTTO社に提案するためにつくった、サンプルの編み地

「頭に浮かんだのが、空想のゲームを題材にした、ヘルマン・ヘッセの作品『ガラス玉演戯』。守らなければならないルールのなかで、自由を得て、無限の遊びに広がっていく話です。レリーフ編みを考えたとき、私の『ガラス玉演戯』を見つけた気がしました」

こんな楽しい遊びは、独り占めしてはもったいない。そう考えたマルティナさんは、Opal毛糸の製造元、南ドイツのTUTTO社へ出かけます。手づくりの毛糸玉とレリーフ編みのサンプルを差し出されたスタッフは、マルティナさんの斬新な発想に戸惑い気味。そこに、創業者の妻、ベアーテさんが通りかかり、サンプルのレリーフに目を見張ります。

「わあ、これ、とっても面白い！」

すぐれた編み手でもあるベアーテさんの興奮した様子に、ほかのスタッフたちも引き込まれて、一気に商品化へと話が進みました。お披露目の場となったドイツでの展示会では、ニット関係者がレリーフ毛糸を囲み「これはニットの革命だ！」と大騒ぎになったのだとか。その様子を目にしたマルティナさんは、この新しい喜びが、世界中の人人と共有できることを実感したのでした。

ドイツの展示会では、Iコードのポンチョを着用

レリーフシリーズで編んだリストウォーマー。糸の種類は上段左から、スクエア、ボール、ライン、リング、ウェーブ、トライアングル。それぞれに、ブレード、柱、四角 裏編み、Iコードクロス 裏編み、ショートフリンジ、波 右クロスのレリーフを好きな色の変わり目で編み込んだ。編み方は、5本棒針（短）3号を使って「編み進むつくり目」で52目つくり、「メリヤス編み」で53段輪に編んだら編み終わりの目を伏せ目して、糸の始末をする

Opal レリーフシリーズ

より自由にレリーフ編みを楽しめるよう、マルティナさんがプロデュースした、Opalレリーフシリーズ。どれもベースカラー1色＋アクションカラー5色で構成されています。

色の変わり目がくっきりしており、レリーフ模様をつくりやすい長さにそろえられているのが特徴。アクションカラーは規則的に現れるのではなく、ランダムに、けれども全体を通して調和がとれるように考え抜かれています。アクションカラーでどんなアクションを起こすのかは、編む人の自由。クリエイティブ力を刺激してくれる毛糸玉です。

Relief 9490
スクエア

Relief 9491
ボール

Relief 9492
ライン

Relief 9493
リング

Relief 9494
ウェーブ

Relief 9495
トライアングル

材質：毛（スーパーウォッシュウール）75％、ナイロン25％　＊40℃以下の温水で洗濯可　太さ：4本撚り（中細程度）　容量：100g、約425m　推奨編針サイズ：2.5〜3.0mm（棒針1〜3号、かぎ針4/0〜5/0号）　標準ゲージ：30目42段（メリヤス編み）　生産国：ドイツ

63

KFSオリジナルカラー マルティナOpal毛糸ラインナップ

気仙沼カラー シリーズ

KFS 105
気仙沼 鮭

KFS 106
気仙沼 桜

KFS 107
気仙沼 海

KFS 108
気仙沼 森

KFS 127
気仙沼 ゼブラ

KFS 137
気仙沼 テントウムシ

KFS 138
気仙沼 祭

家族の笑顔 シリーズ

KFS 119
おじいちゃんの笑顔

KFS 114
おばあちゃんの笑顔

KFS 118
お父さんの笑顔

KFS 115
お母さんの笑顔

KFS 117
子供たちの笑顔

KFS 116
赤ちゃんの笑顔

KFS 123
マイ スマイル

オリジナルカラー シリーズ

KFS 100
サーカス

KFS 101
ランデブー

KFS 102
ロリポップ・グリーン

KFS 103
ワインレッド

KFS 104
アイスランド・ロピー

KFS 110
ライラック

KFS 112
赤ずきんちゃん

KFS 125
遊園地

KFS 126
アット ホーム

気仙沼カラー シリーズ・家族の笑顔 シリーズ・オリジナルカラー シリーズ・レリーフ2・セレクション シリーズ／材質：毛（スーパーウォッシュウール）75％、ナイロン25％ ＊40℃以下の温水で洗濯可　太さ：4本撚り（中細程度）　容量：100ｇ、約425m　推奨編針サイズ：2.5～3.0mm（棒針1～3号、かぎ針4/0～5/0号）　標準ゲージ：30目42段（メリヤス編み）　生産国：ドイツ

洗濯について

Opalは独自製法のウォッシュウールで、毛玉や毛羽になりにくく、編み上げた作品はネットに入れて洗濯機で洗えます。洗濯については下記を参考にしてください。
・40℃以下の温水で洗濯可　・漂白剤の使用不可　・ドライクリーニング（石油系）可　・乾燥機の使用不可　・アイロン可

なお、毛糸を2種以上使用する場合、Opal以外の毛糸と組み合わせないようにしてください。洗濯やクリーニングによる収縮率の違いなどで、編んだ作品の型くずれなどが起きる可能性があります。

レリーフ2 シリーズ

Relief 9660	Relief 9661	Relief 9662	Relief 9663	Relief 9664	Relief 9665
グリーン	ブルゴーニュ	フリーデル	マリーン	ピンク	グレー

セレクション シリーズ

KFS 128	KFS 129	KFS 131	KFS 132	KFS 133	KFS 157	KFS 158	KFS 159
アイスクリーム	スパイス	紫キャベツ	チリ	キャンディ	フルーツグミ	ベリースムージー	とれたてパプリカ

オリジナル単色 シリーズ

Un01	Un02	Un03	Un04	Un05	Un06	Un07
ずんだ	あずき	こしあん	なでしこ	エレファント・グレー	ブラック	たんぽぽ

Un08	Un09	Un10	Un11	Un12	Un13	Un14
おとめつばき	あやめ	つつじ	りんどう	藍	ラメホワイト	ナチュラルホワイト

Un15	Un16	Un17	Un18	Un19	Un20	Un21
チャコール	ローリエ	ラムネ	藤	もみじ	ミルクティー	うぐいす

Un01〜12・14〜21/材質:毛(スーパーウォッシュウール)75%、ナイロン25%　Un13/材質:毛(スーパーウォッシュウール)71%、ナイロン26%、ポリエステル3%　＊40℃以下の温水で洗濯可　太さ:4本撚り(中細程度)　容量:50g、約212m　推奨編針サイズ:2.5〜3.0mm(棒針1〜3号、かぎ針4/0〜5/0号)　標準ゲージ:30目42段(メリヤス編み)　生産国:ドイツ

KFS Opal毛糸が買えるお店

マルティナさんのオリジナルカラーの毛糸玉が手に入るお店です。お近くの店舗で、実物を手に取りながらじっくり選んでもいいし、オンラインショップなら、日本全国どこからでも手軽に購入することができます。

KFS 気仙沼駅前ショップ
☎ 0226-25-9321
〒988-0077　宮城県気仙沼市古町3-2-41
営 10：00～17：00　㊡日・月曜、祝日
https://www.kfsatelier.co.jp/
〈KFSの通信販売〉
・インターネットで
KFS Webショップ
https://kfsamimono.com/（24時間対応可）
・お電話で
☎ 0226-28-9373
営 10：00～15：00（電話注文対応時間）
㊡土・日曜、祝日

〈販売店〉

オカダヤ
新宿本店　☎ 03-3352-5411
　〒160-0022　東京都新宿区新宿 3-23-17
　営 10：30～20：30　不定休
町田店　☎ 042-710-5565
　〒194-0013　東京都町田市原町田 6-10-7
　営 10：00～19：30　不定休
溝口ノクティプラザ店　☎ 044-850-0262
　〒213-0001　神奈川県川崎市高津区溝口 1-3-1
　溝口ノクティプラザ 5F
＊営業時間、休業日は商業施設に準じます。
京王アートマン聖蹟桜ケ丘店　☎ 042-337-2608
　〒206-0011　東京都多摩市関戸 1-11-1
＊営業時間、休業日は商業施設に準じます。

ホビースクランブル オカダヤ
＊営業時間、休業日は商業施設に準じます。
北千住マルイ店　☎ 03-4376-5515
　〒120-0034　東京都足立区千住 3-92　北千住マルイ 8F
ビナウォーク海老名店　☎ 046-236-6577
　〒243-0432　神奈川県海老名市中央 1-4-1
　ビナウォーク 5番館 3F

マーノクレアール
＊営業時間、休業日は商業施設に準じます。
調布パルコ店　☎ 042-440-1055
　〒182-0026　東京都調布市小島町 1-38-1　調布パルコ 2F
　京王聖蹟桜ケ丘 SC・A館 4F
二子玉川ライズ S.C. 店　☎ 03-3707-5517
　〒158-0094　東京都世田谷区玉川 2-21-1　タウンフロント 6F

アリオ亀有店　☎ 03-3690-0699
　〒125-0061　東京都葛飾区亀有 3-49-3　アリオ亀有 3F
グランツリー武蔵小杉店　☎ 044-982-3066
　〒211-0004　神奈川県川崎市中原区新丸子東 3-1135
　グランツリー武蔵小杉 4F
トレッサ横浜店　☎ 045-534-2408
　〒222-0002　神奈川県横浜市港北区師岡町 700
　トレッサ横浜 3F
ノースポート・モール店　☎ 045-914-5191
　〒224-0003　神奈川県横浜市都筑区中川中央 1-25-1
　ノースポート・モール B2F
相模大野ステーションスクエア店　☎ 042-767-1078
　〒252-0303　神奈川県相模原市南区相模大野 3-8-1
　相模大野ステーションスクエア A館 7F
ラスカ茅ケ崎店　☎ 0467-33-5810
　〒253-0043　神奈川県茅ケ崎市元町 1-1 ラスカ茅ケ崎 4F

オカダヤグループ　ホームページ
http://www.okadaya.co.jp/shinjuku/

〈インターネットショップ〉

オカダヤ 通販サイト
https://shopping.okadaya.co.jp/shop/c/c10/

新宿オカダヤ楽天市場店
http://www.rakuten.co.jp/okadayaec/

新宿オカダヤ Yahoo! 店
http://store.shopping.yahoo.co.jp/okadaya-ec/

Amazon.co.jp
トップページ（http://www.amazon.co.jp/）の
検索窓に「OPAL」と入力ください

色の長さとレリーフの関係

レリーフ編みの基本ルールは、色の変わり目での操作。一色が長いほど、次の操作までの間隔が広くなります。編む前に糸玉の表面から、一色の長さを予測できるので、どの色でどのレリーフを編むかの参考にしてください。

左上の糸玉を60目で輪に編んだ編み地。左から、糸玉の表面で見える毛糸の本数（上右拡大写真参照）が、13本の青、8本の紫、4本のピンク、1本のチャコールグレー、それぞれの色の始まりと終わりで操作をした。上が「玉」、下が「反対編み」。糸玉の表面で見える毛糸の本数が多いほど一色の長さは長く、編み上がる段数も多い。

　Opal毛糸は、一本の毛糸の中に何色もの色が代わる代わる現れる段染め糸。だからこそ、基本ルールが〝色の変わり目でアクション〟というレリーフ編みに向いています。なぜなら、レリーフを編み入れるために、目数や段数を数えなくとも手軽に編むことができるから。しかし、糸によって現れる柄が違うOpal毛糸（レリーフ毛糸以外）は、糸のなかで使われている一色の長さも、糸によってまちまちです。色が長い部分は広い面積を編めるのですが、写真のように「玉」を編むと、ひとつの色が長いほどレリーフ同士の間隔は広くなり、「反対編み」の場合は、長いほどレリーフ部分が太くなります。要するに、ひとつの色が長いとレリーフを入れるきっかけが少なくなるということ。小さな作品をつくる場合は注意が必要です。編む前でも、糸玉の表面の糸の本数を数えることで、ある程度、ひとつの色の長さを予測することができます。作品づくりの参考にしてください。

つくり目

本誌の作品はすべて「針を残すつくり目」と「編み進むつくり目」の2種類のみで編むことができます。

❋針を残すつくり目

輪針をくるむように目をつくる。
「別糸くさりのつくり目」と違って、目を拾う・メリヤスはぎなどの操作が輪針から直接でき、より簡単で便利なつくり目。

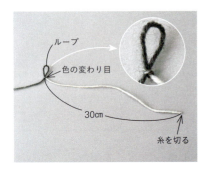

1. 色の変わり目の手前30cmで糸を切って結び、ループをつくる（ループは1目には数えない）

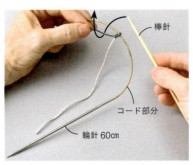

2. つくり目用輪針60cmを結び目にコード部分まで通す。別の棒針または輪針を持ち、つくり目用輪針のコード部分（以下コード）の上を通って矢印のように針を動かし、糸をかける

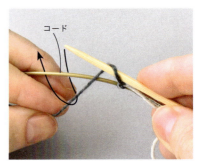

3. コードの下を通って矢印のように針を動かし、糸をかける

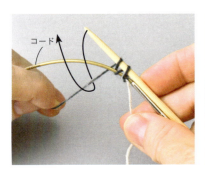

4. コードの上を通って矢印のように針を動かし、糸をかける

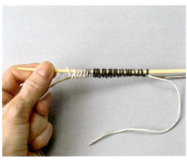

5. 3・4を繰り返し、必要目数を編む。1段めの編み上がり

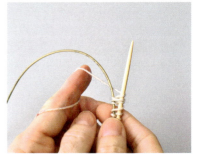

6. ほどけやすいので、左手に糸をかけたまま裏に返す

7. 裏に返したところ。写真のように針を入れ、裏目を編む（メリヤス編みの場合）

8. 矢印のように針を入れ、裏目を編む。7・8を繰り返す

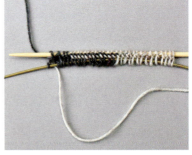

9. 2段めの編み上がり。3段め以降は編み方図どおりに編む。つくり目用の輪針は、最後まで抜かずに残す

❀編み進むつくり目

伸縮性があり、どの作品にも向いているつくり目。
仕上げで拾い目・はぎなどの操作をしない作品に。

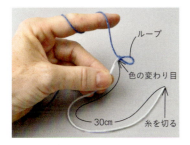

1. 色の変わり目の手前30cmで糸を切って結び、ループ（1目め）をつくる

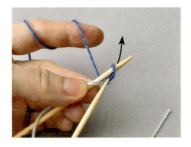

2. 結び目に針を通し、左手に糸をかける。右針を矢印のように入れる

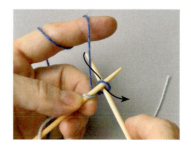

3. 矢印のように表目を編むように、糸を引き出す

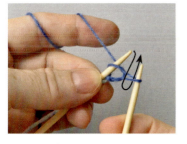

4. 左針を矢印のように入れ、右針を抜かずに左針に糸をかける

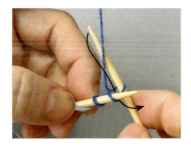

5. 右針に糸をかけ、矢印のように表目を編むように引き抜く

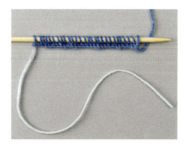

6. 4・5を繰り返し、必要目数を編む。1段めの編み上がり。往復編みの場合はこちら側が裏になる

編み進むつくり目で輪に編む編み方　2段めを編みながら輪にしていく。

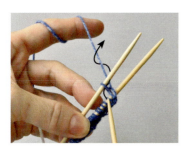

1. 必要目数の半分を編み、1目引き出して（編み進むつくり目3・4）写真のように針を持ちかえる。別の針を矢印のように入れ、糸を引き出す

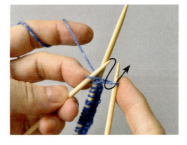

2. 別の針と持ちかえた針を使い、「編み進むつくり目」で残りの半分の目数を編む

3. 1段めの編み上がり。1目めと最後の目を合わせる

4. 1目めに針を入れ、表目を編む。4分の1を表目で編んだところで針を替え、残りの4分の1を編む

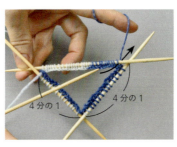

5. 残りの半分の目も4分の1ずつ針を替えて表目を編む

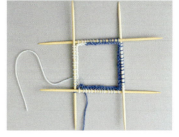

6. 2段めの編み上がりと同時に針4本に目がかかり、輪になる

How to knit

縦柄の靴下の編み方

脇から編む靴下です。難しいと思われがちな"かかと"も中央で増減するだけ。
つま先部分はマルティナさんがドイツで編んでいた簡単な編み方で編みます（プロセス写真で解説）。
同じものを2枚編んでも、柄を左右対称にしても。自由に楽しんでください。

P.13　右下の靴下

● 使用糸
Opal毛糸
とれたてパプリカ（KFS 159）70g
● 用具
輪針（60cm・40cm）　1号（2.5mm）
とじ針
● ゲージ（10cm四方）
メリヤス編み　32目　42段
● でき上がり寸法
約22cm（足のサイズ22～24cm用）
● 編み方
①「針を残すつくり目（輪針60cm）」で口をつくり、はき口はガーター編みで、はき口・底・かかと以外はレリーフ編み（反対編み）で編む（輪針40cm）。
②つくり目（▲）と編み終わりの休み目（△）を合わせ、メリヤスはぎする。
③つま先の●と○をすくいとじする。
④糸の始末をする。

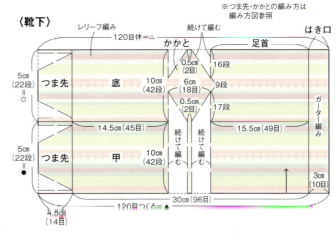

☀ つま先の編み方

目を残したまま、途中で増減する編み方。日本の引き返し編みに似ているが、糸を引っぱるだけで、かけ目、すべり目の操作はしない。

■の編み方（裏目で編む場合）

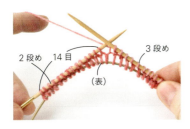

1. 3段めを編み、14目残して裏に返す

2. 3段めの最後の目に、矢印のように針を入れる

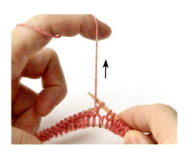

3. 右針に移し、糸を引く

4. 引いた目が2本に見える（★）まで強めに引く

5. 上側から見た写真。3段めの糸がコブのように見える

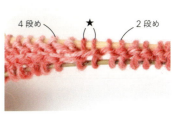

6. ★が4段めの1目めになる。次の目から裏目で編む

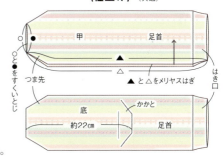

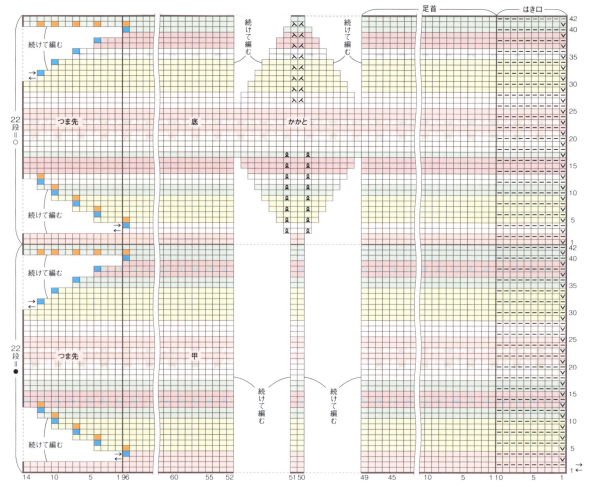

〈靴下の編み方図〉

■の編み方（■裏目の次の段）

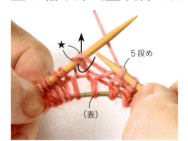

1. 矢印のように針を入れる

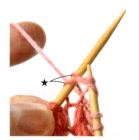

2. 写真のように2本に針が入る

3. 糸をかけて表目を編む。残り4目を表目で編む

■の編み方（表目で編む場合） 反対編みで編む場合の8段めで説明しています

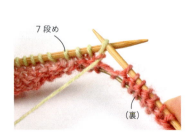

1. 7段めを編み、裏に返す。7段めの最後の目に針を入れ、右針に移す

2. 下の段の糸が2本に見える（♥）ように強く引く

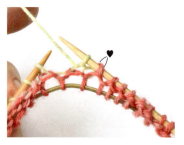

3. ♥の目が8段めの1目めになる。次の目から表目で編む

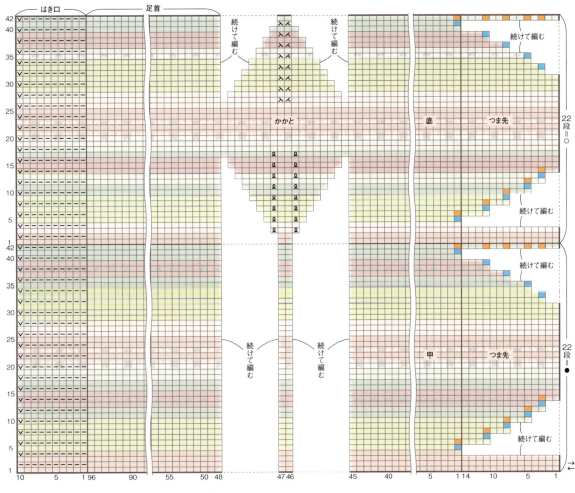

■の編み方（■＝表目の次の段）

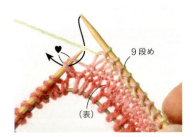

1. 矢印のように針を入れる

2. 写真のように2本に針が入る

3. 糸をかけて裏目を編む。残り3目を裏目で編む

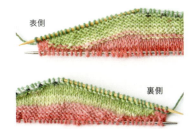

4. 13段めまで編んだところ。続けて40段まで編み方図のとおりに編む

5. 40段めまで編んだところ。41段めは、■の編み方を5カ所で編む

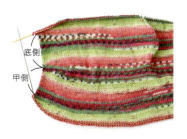

6. 底側まで編んだところ

P.12～15 縦柄の靴下

- 使用糸

Opal 毛糸
a アイスクリーム（KFS 128）70g
b リング（Relief 9493）70g
c トライアングル（Relief 9495）80g
d 子供たちの笑顔（KFS 117）75g
e A色 赤ずきんちゃん（KFS 112）35g
　B色 単色 ナチュラルホワイト（Un14）30g
f ライラック（KFS 110）70g
g 気仙沼 鮭（KFS 105）70g
h 紫キャベツ（KFS 131）70g
i 気仙沼 海（KFS 107）70g
j おじいちゃんの笑顔（KFS 119）70g
k マイ スマイル（KFS 123）70g
l A色 気仙沼 ゼブラ（KFS 127）40g
　B色 単色 ブラック（Un06）30g
- 用具

輪針（60cm・40cm）　1号（2.5mm）
とじ針
- ゲージ（10cm四方）

メリヤス編み　32目　42段
- でき上がり寸法

約22cm（足のサイズ22～24cm用）
- 編み方

P.71～73と同様に編む。

＊mの編み方はP.71～73を参照

〈レリーフ編みのアレンジ〉

難易度 ★☆☆

〈b〉ステッチ

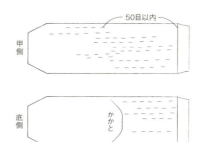

〈ステッチの編み方図〉

ベースのチャコール以外の色で「ステッチ」を編む。
ループはつま先・かかとにかからないために、
はき口から甲側は50目、底側は18目以内でつくる

〈c〉ショートフリンジ

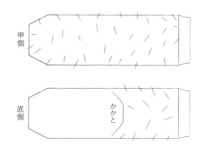

ベースの赤以外の色で「ショートフリンジ」を編む。
裏の段でもループをつくり、表に出して編む

〈f〉右階段・左階段

裏側で濃紫が出たときは表側にループを出して編む

濃紫で30cm引き出し、ループをつくり、「右階段」
「左階段」を好みで編む。
濃紫が余ったら2目あけてループをつくって同様に編む。
底側は編まない。
編み始めから21段以内で「右階段」「左階段」を
編み始める。
※白の多いところから、靴下を編み始めると
「右階段・左階段」が甲の中央で編める

※すべてメリヤス編みで編み、はき口・かかと・底にはレリーフ編みはしない

難易度 ★☆☆

〈h〉反対編み

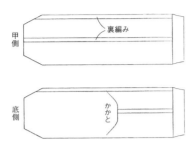

色が細かく変わる部分で「反対編み（裏編み）」を編む。

〈i〉右階段・左階段

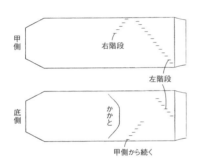

白とターコイズがまざったところでループをつくり、「右階段・左階段」を足首部分のみ編む。
（右階段ではき口にぶつかった場合は、次の段から左階段で編む）

〈l〉ステッチ

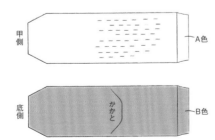

A色で甲側、B色で底側を編む
A色の黒のところでループをつくり、「ステッチ」で編む。
（ループのつくり始めは足首のみで、甲にはつくらない）

難易度 ★★☆

〈a〉四角 表編み

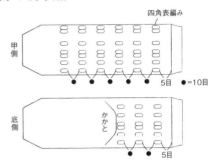

濃ピンク・ターコイズ・白に色が変わる各段（足首から色が変わる段）で「四角 表編み」を編む。(10目間隔をあけて編む)

〈d〉四角 透かし編み

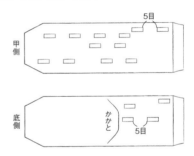

白の分量の多いところで「四角 透かし編み」を編み、5目編んで（間隔をあけて）再び「四角 透かし編み」を編む。
（裏でも色が変わった場合は同様に編む）

〈四角 透かし編みの編み方図（裏側の操作の場合）〉

〈k〉波 右クロス・波 左クロス

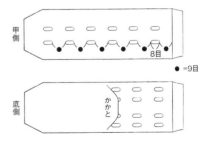

濃ピンクに変わる段（足首から色が変わる段）で
「波 右クロス（針に3回巻くを1目おきに8目）」
青に変わる段（足首から色が変わる段）で
「波 左クロス（針に3回巻くを1目おきに8目）」を編む。
右クロス、左クロスともに、8目の4目と4目をクロスさせる。
「波 右クロス」・「波 左クロス」ともに、9目ずつ間隔をあけながら編み、足首・甲のみ編む

75

難易度★★★

〈e〉はしご

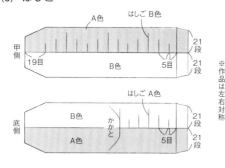

※作品は左右対称

甲・底共、中央(21段)で糸を替える
各色の最終段(21段め)で「はしご」
のループをつくり、編む

〈はしごの編み方図〉

〈g〉三角

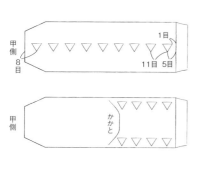

※作品は左右対称

茶の分量が多い段で「三角」を
11目間隔で編む。

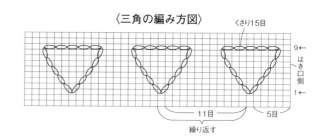

〈三角の編み方図〉

〈j〉四角 裏編み

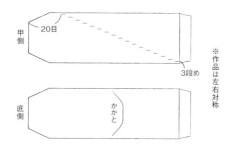

※作品は左右対称

足首の3段めから「四角 裏編み」
を2段ごとに1模様ずつ、ずらして
編む。(甲側のみ)

〈四角 裏編みの編み方図〉

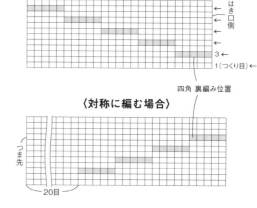

〈対称に編む場合〉

P.8〜9 Ｉコード

● 使用糸
Opal毛糸　各10g
a アイスクリーム（KFS 128）
b キャンディ（KFS 133）
c サーカス（KFS 100）
d ライン（Relief 9492）
e 気仙沼 鮭（KFS 105）
f 赤ちゃんの笑顔（KFS 116）
g 気仙沼 海（KFS 107）
h 遊園地（KFS 125）
i 気仙沼 祭（KFS 138）
j とれたてパプリカ（KFS 159）
k 気仙沼 テントウムシ（KFS 137）
l スパイス（KFS 129）
m ライラック（KFS 110）
n ロリポップ・グリーン（KFS 102）
o フルーツグミ（KFS 157）
p 気仙沼 ゼブラ（KFS 127）
q リング（Relief 9493）
r 気仙沼 桜（KFS 106）
s お父さんの笑顔（KFS 118）
t お母さん笑顔（KFS 115）
u チリ（KFS 132）
v ウェーブ（Relief 9494）

● 用具
5本針　3号（3㎜）
とじ針

● 付属品
c・l・s ウッドビーズ（6㎜）適量

● でき上がり寸法
太さ約1㎝　長さ120〜150㎝

● 編み方
①棒針を2本のみ使い、「編み進むつくり目」で目をつくり、表目で5目編む。
②左端にある目を右端に移動し、表目で5目編むを繰り返し、Ｉコードを「レリーフ編み」を入れながら編む。
③編み終わりの目に糸を通し、絞る。
④糸の始末をする。

〈レリーフ編みのアレンジ〉

〈a〉玉 表編み・ショートフリンジ
色の変わり目ごとに「ショートフリンジ」と「玉 表編み」を交互に編む

〈c・l・s〉ロングフリンジ（ビーズ）
〈c〉好みの位置でループ（30㎝）をつくり、ビーズを通して「ロングフリンジ」を編む
〈l・s〉各色の変わり目でループ（30㎝）をビーズを通して「ロングフリンジ」を編む

〈ビーズの入れ方〉（c、l、s）

〈f〉Ｉコードリング
色の変わり目で「Ｉコードリング」

〈e〉Ｉコードリング（応用）
色の変わり目（色が細かく変わるところ以外）で2目のＩコードを10段編み、1周巻いて、編み始めの下の段と一緒に編む（P.28 6〜10参照）

〈k・r〉ステッチ（応用）
色の変わり目で30㎝のループをつくり、本体に巻き（4目の上に渡す）ループの先端と表目を一緒に編む

〈ステッチ（応用）の編み方図〉（k、r）

〈b・h・n・p・t・u〉反対編み
〈b〉白で裏編み
〈h〉白と白の多いところで裏編み
〈n〉色が細かく変わるところで裏編み
〈p〉黒で裏編み
〈t・u〉白の多いところで裏編み

〈d・i・q〉玉 表編み
〈d〉黄緑以外の色で「玉 表編み」
〈i〉白の多いところの変わり目で「玉 表編み」
〈q〉チャコール以外の色で「玉 表編み」

〈g〉反対編み・ヘアループ
白のところで裏編みの「反対編み」、青の好みの位置で3目の「ヘアループ」

〈j・o〉ショートフリンジ
色の変わり目でループ（30㎝）をつくり、「ショートフリンジ」を編む

〈m〉玉 表編み・ヘアループ
好みのところで「玉 表編み」と3目の「ヘアループ」を編む

〈v〉ロングフリンジ
ベースのターコイズ以外の色で「ロングフリンジ」

P.6〜7 アームカバー

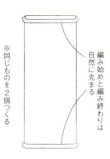

〈アームカバー〉(2個)

56目伏
レリーフ編み
25cm (90〜95段)
輪編み
※全てベースはメリヤス編みで編む

20cm(56目)つくり、輪にする

● 使用糸
Opal毛糸　各40〜50g
a おばあちゃんの笑顔（KFS 114）
b フルーツグミ（KFS 157）
c スクエア（Relief 9490）
d ロリポップ・グリーン（KFS 102）
e マイ スマイル（KFS 123）
f 気仙沼 テントウムシ（KFS 137）
g ベリースムージー（KFS 158）
h スパイス（KFS 129）
i 子供たちの笑顔（KFS 117）
j 赤ずきんちゃん（KFS 112）
k ライン（Relief 9492）
l 赤ちゃんの笑顔（KFS 116）

● 用具
5本針　3号(3mm)
とじ針

● ゲージ（10cm四方）
メリヤス編み　28目　36〜38段

● でき上がり寸法
手首まわり20cm　丈約25cm

● 編み方
①「編み進むつくり目」で目をつくり、「レリーフ編み」で輪に編む。
②編み終わりの目を伏せ目する。
③糸の始末をする。

〈でき上がり〉

※同じものを2個つくる
編み始めと編み終わりは自然に丸まる

〈レリーフ編みのアレンジ〉

〈a〉ヘアループ

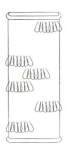

白に紫がまざったところですべて「ヘアループ」を編む

〈b〉波 フラット

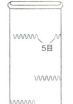

5目

白の変わり目で「波 フラット（針に糸を巻く）」を編み、5目表目を編んで再び「波 フラット（針に糸を巻く）」を編む。
次の段で目を伸ばし、表目で編む

〈c〉扇

黄・紫・チャコールグレーの色でそれぞれ「扇」を編む

〈d〉Iコードクロス 表編み

各色の変わり目で
「Iコードクロス 表編み」
を編む（3目のIコードを
6段編み、表目3目編んで
クロスさせる）

〈e〉波 右クロス・波 左クロス

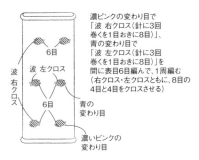

濃ピンクの変わり目で
「波 右クロス（針に3回
巻くを1目おきに8目）」、
青の変わり目で
「波 左クロス（針に3回
巻くを1目おきに8目）」
を間に表目6目編んで、1周編む
（右クロス・左クロスともに、8目の
4目と4目をクロスさせる）

〈f〉花

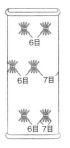

①赤が多いところの3段めで
「花」を編む。
間に表目6目編んで、1周編む
②次の赤の変わり目から3段めで
①とずらして「花」を編む。
「花」は、(表目1目・針に3回巻く)
を6回繰り返し、表目1目を編み、
次の段で目を長くして
（P.35 2〜5参照）、編む

〈g〉Iコードリング

各色の変わり目で
「Iコードリング」を編む。
(2目のIコードを8段編み、
リングにする。
重なる場合は1段以上
あけて「Iコードリング」
を編む)

〈h〉波 フラットの応用

濃いベージュの段をすべて
「波 フラット」を編む
（針に巻く回数はすべて
3回）

〈i〉ブレード

各色の変わり目で
「ブレード」
を7目ずつ編む

〈j〉蝶

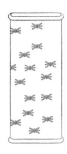

各色の変わり目で
「蝶」を編む。
重なる場合は、2段以上あけて
「蝶」を編む

〈k〉左坂道

濃いピンク・青・黄で
「左坂道」を編む

〈l〉ヘアループ

3・5・7・9段めの
すべての目で
「ヘアループ」を編む

P.10〜11 腹巻帽子

〈腹巻帽子〉 ※すべてベースはメリヤス編み(fのA色は裏メリヤス編み)で編む

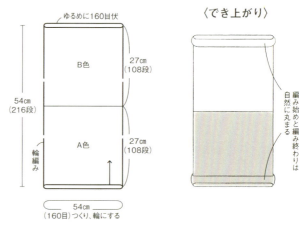

● 使用糸
Opal 毛糸　各色 70g
a A色 アイスクリーム (KFS 128)
　B色 キャンディ (KFS 133)
b A色 気仙沼 桜 (KFS 106)
　B色 気仙沼 鮭 (KFS 105)
c A色 マイ スマイル (KFS 123)
　B色 遊園地 (KFS 125)
d A色 スパイス (KFS 129)
　B色 お父さんの笑顔 (KFS 118)
e A色 ランデブー (KFS 101)
　B色 単色　チャコール (Un15)
f A色 スクエア (Relief 9490)
　B色 おばあちゃんの笑顔 (KFS 114)
g A色 気仙沼 海 (KFS 107)
　B色 ボール (Relief 9491)
h A色 気仙沼 祭 (KFS 138)
　B色 気仙沼 テントウムシ (KFS 137)
i A色 フルーツグミ (KFS 157)
　B色 気仙沼 森 (KFS 108)
j A色 単色　あずき (Un02)
　B色 おじいちゃんの笑顔 (KFS 119)
k A色 ウェーブ (Relief 9494)
　B色 トライアングル (Relief 9495)
l A色 ワインレッド (KFS 103)
　B色 アイスランド・ロピー (KFS 104)
● 用具
輪針 (40cm)　3号 (3mm)
とじ針
● ゲージ (10cm四方)
メリヤス編み　30目　40段
● でき上がり寸法
頭まわり54cm　丈約54cm
● 編み方
アームカバー (つくり方 P.78〜79 参照)
と同様に編む。編み終わりの目をゆるめに
伏せ目する。

〈レリーフ編みのアレンジ〉

〈e〉左坂道

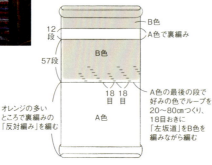

〈f〉ロングフリンジ・反対編み

〈g〉ヘアループ・ブレード

〈h〉ハート・柱

〈k〉玉 表編み・四角 裏編み・反対編み

〈l〉波 右クロス

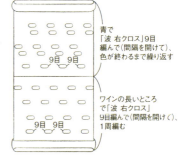

80

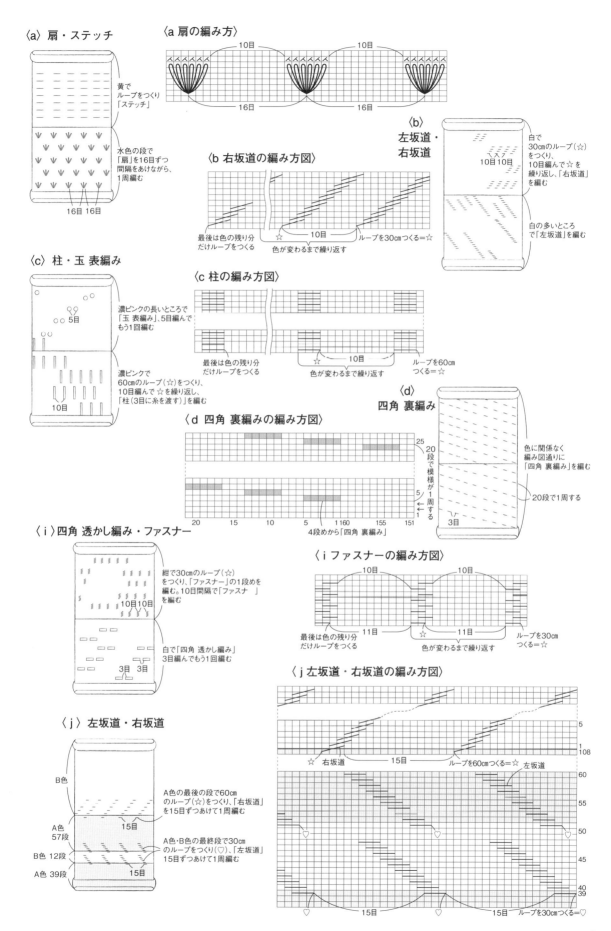

P.37 スヌード

- 使用糸
Opal 毛糸
ウェーブ（Relief 9494）95g
- 用具
輪針(60cm・40cm) 3号(3mm)
とじ針
- ゲージ(10cm四方)
メリヤス編み 28目 38段
- でき上がり寸法
幅20cm スヌードまわり112cm
- 編み方
①「針を残すつくり目(輪針60cm)」で目をつくり、「レリーフ編み ⓐⓑⓒ」でスヌードを編む（輪針40cm）。
②編み終わりの目とつくり目を合わせ、「メリヤスはぎ（P.111参照）」する。
③糸の始末をする。

〈スヌードの編み方図〉

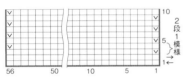

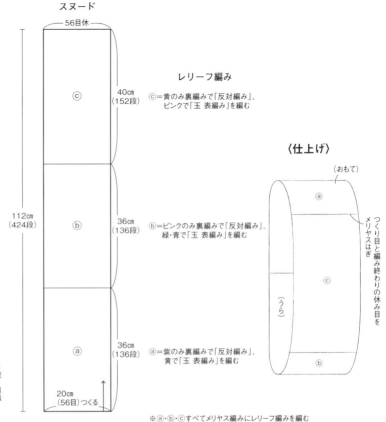

P.38 トレンカ

- 使用糸
Opal 毛糸
お母さんの笑顔（KFS 115）90g
- 用具
5本針 3号(3mm)
とじ針
- ゲージ(10cm四方)
レリーフ編み 28目 44.5段
- でき上がり寸法
足首まわり 26cm
- 編み方
①「編み進むつくり目」で目をつくり、輪にして「2目ゴム編み」「レリーフ編み」「2目ゴム編み」で本体を編む。続けてベルトを「2目ゴム編み」で編み、編み終わりの目を休める（★）。
②本体の編み終わりの目を伏せ目する。
③★と☆を「メリヤスはぎ（P.85参照）」する。
④糸の始末をする。

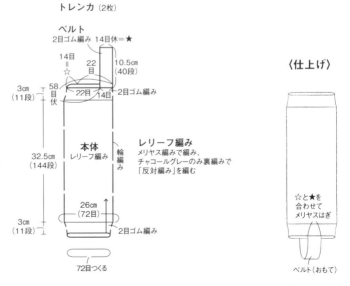

P.39 レッグウォーマー

● 使用糸
Opal 毛糸
キャンディ (KFS 133) 60g
● 用具
5本針　3号(3mm)
とじ針
● ゲージ(10cm四方)
メリヤス編み　29.5目 40段
● でき上がり寸法
足首まわり 23cm
● 編み方
①「編み進むつくり目」で目をつくり、輪にして「レリーフ編み」でレッグウォーマーを編む。
②編み終わりの目を伏せ目する。
③糸の始末をする。

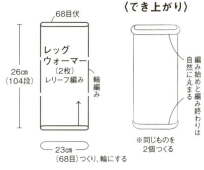

〈三角の編み方図〉

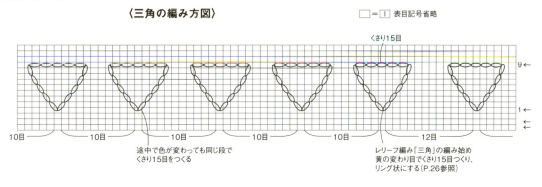

〈トレンカの編み方図〉

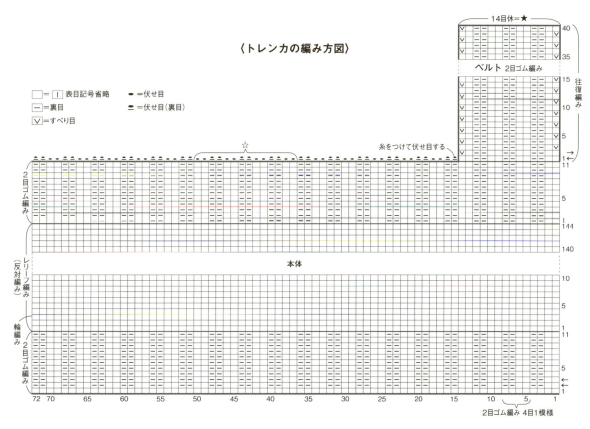

P.42 ベレー帽（レディース）

● 使用糸
Opal毛糸
気仙沼ゼブラ（KFS 127）50g

● 用具
輪針（40cm） 3号（3mm）
とじ針

● ゲージ（10cm四方）
メリヤス編み 27目 39段

● でき上がり寸法
頭まわり 44.5cm

● 編み方
①「編み進むつくり目」で目をつくり、「2目ゴム編み」でベルトを輪に編む。
②目を増やし、「メリヤス編み」でサイドクラウンを輪に編む。
③トップクラウンを往復編みで、□・■から目を拾いながら「レリーフ編み」で編む。
④トップクラウンの★とサイドクラウンの☆を「メリヤスはぎ」する。
⑤糸の始末をする。

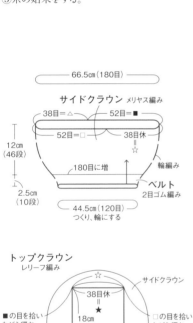

〈仕上げ〉
☆と★をメリヤスはぎ

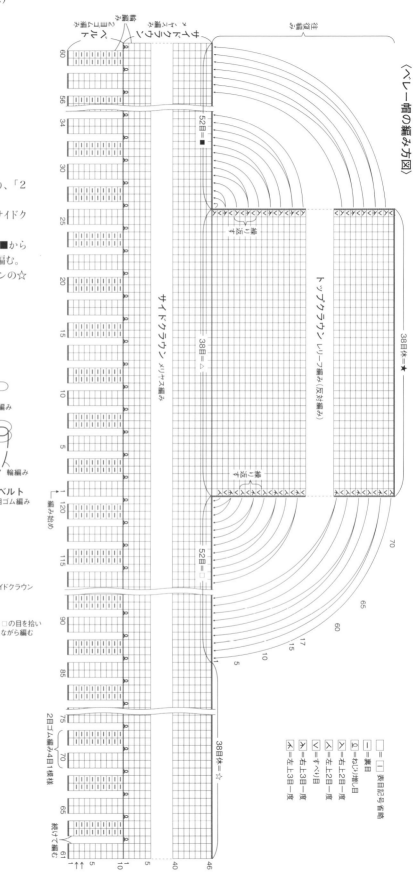

P.42 ベレー帽（キッズ）

● 使用糸
Opal 毛糸
気仙沼 ゼブラ（KFS 127）35g
● 用具
輪針（40cm） 3号（3mm）
とじ針
● ゲージ（10cm四方）
メリヤス編み 27目 39段
● でき上がり寸法
頭まわり 52cm
● 編み方
①「編み進むつくり目」で目をつくり、「2
目ゴム編み」でベルトを輪に編む。
②サイドクラウンを「メリヤス編み」で輪に
編む。
③トップクラウンを往復編みで、□・■から
目を拾いながら「レリーフ編み」で編む。
④トップクラウンの★とサイドクラウンの☆
を「メリヤスはぎ」する。
⑤糸の始末をする。

〈ベレー帽の編み方図〉

トップクラウン レリーフ編み（反対編み）

30目休＝★

サイドクラウン メリヤス編み

40目＝■

30目＝△

←編み始め

2目ゴム編み4目1模様

30目休＝☆

52cm（140目）

30目＝△ 40目＝■
40目＝□ 30目休＝☆
52cm（140目）

10cm（39段）
2.5cm（10段）

140目つくり、輪にする

サイドクラウン メリヤス編み
ベルト 2目ゴム編み

トップクラウン
レリーフ編み

30目休＝★ 14cm（54段） 11cm（30目）

■の目を拾いながら編む
□の目を拾いながら編む
△から続けて編む

レリーフ編み
メリヤス編みで編み、黒のみ裏編みで「反対編み」を編む

〈仕上げ〉

☆と★をメリヤスはぎ

□＝□＝表目記号省略
＝裏目
人＝右上2目一度
人＝左上2目一度
V＝すべり目
人＝右上3目一度
人＝左上3目一度

メリヤスはぎ
（目と目をつなぐこと）

①はぐ寸法の3倍の糸を残して切る。とじ針に通して目から出し、反対側の目に針を入れ、矢印のように2目に針を入れる

②反対側の目も同様に2目に針を入れる。2目ずつ針を繰り返してはぐ

85

P.40 手袋マフラー

- 使用糸
Opal 毛糸
A色　フルーツグミ（KFS 157）140g
B色　単色　たんぽぽ（Un07）10g
- 用具
5本針　3号（3mm）
とじ針
- ゲージ（10cm四方）
メリヤス編み　30目 40段
- でき上がり寸法
幅 12cm　長さ 130cm
- 編み方
①B色で「編み進むつくり目」で目をつくり、「2目ゴム編み」で輪に編む。
②続けて、A色で本体を「レリーフ編み」で輪に編む。
③再びB色で「2目ゴム編み」で輪に編む。
④編み終わりの目を伏せ目する。
⑤糸の始末をする。

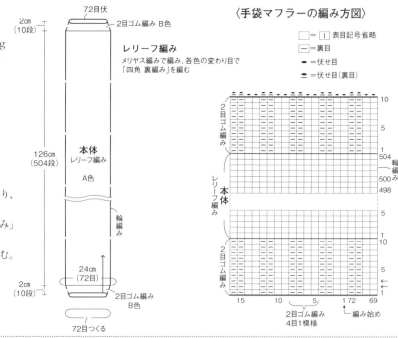

P.41 斜め編みマフラー

- 使用糸
Opal 毛糸
ランデブー（KFS 101）100g
- 用具
輪針（40cm）　3号（3mm）
とじ針
- ゲージ（10cm四方）
レリーフ編み　24.5目 42段
- でき上がり寸法
幅約 19.5cm　長さ約 124cm
- 編み方
①「編み進むつくり目」で目をつくり、「レリーフ編み」でマフラーを編む。
②編み終わりの目を伏せ目する。
③糸の始末をする。

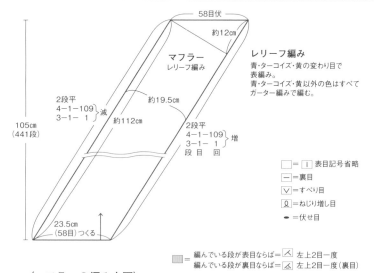

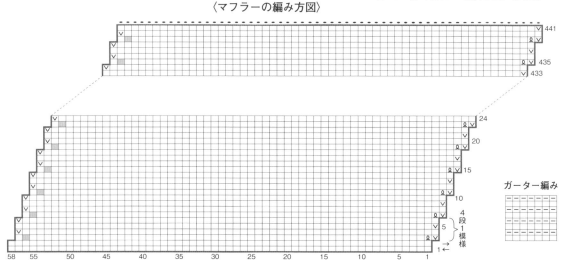

P.44 ハンドウォーマー

- ● 使用糸
- Opal 毛糸
- A色　気仙沼 祭（KFS 138）25g
- B色　単色　藍（Un12）20g
- ● 用具
- 5本針　1号(2.5mm)
- とじ針
- ● ゲージ（10cm四方）
- メリヤス編み　29目　41段
- ● でき上がり寸法
- 手のひらまわり 18cm
- ● 編み方
- ①B色で「編み進むつくり目」で目をつくり、「1目ゴム編み」で輪に編み、甲・手のひらを続けて「レリーフ編み」で編む。
- ②A色で甲・手のひらを「メリヤス編み」「1目ゴム編み」で輪に編む。途中、親指位置をつくる。
- ③編み終わりの目を伏せ目する。
- ④親指位置（☆・★）から目を拾い、親指を「1目ゴム編み」で輪に編み、伏せ目する。
- ⑤糸の始末をする。

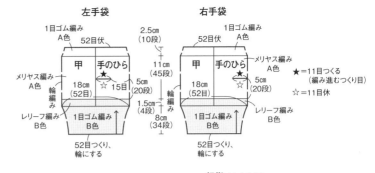

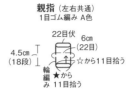

レリーフ編み
甲・手のひらの1・3段目のすべての目で「ヘアループ」を編む。

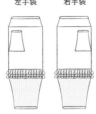

〈でき上がり〉

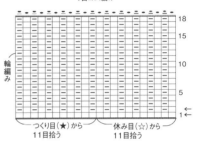

〈ハンドウォーマーの編み方図〉

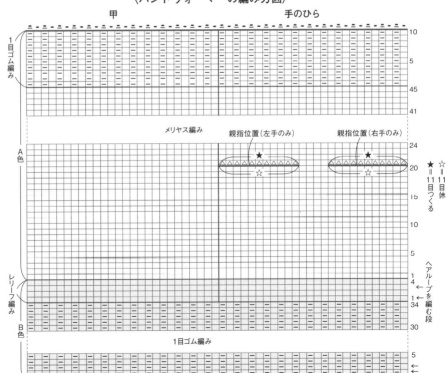

P.46左 宇宙人帽子

● 使用糸
Opal 毛糸
ベリースムージー（KFS 158）50g
● 用具
輪針(40cm)　3号(3mm)
とじ針
● ゲージ(10cm四方)
メリヤス編み　30目　40段
● でき上がり寸法
首まわり 40.5cm
● 編み方
①「編み進むつくり目」で目をつくり、「2目ゴム編み」でベルトを輪に編む。
②往復編みでサイドクラウンを「レリーフ編み」で編む。
③トップクラウンを往復編みで、□・■から目を拾いながら「レリーフ編み」で編み、編み終わりの目を伏せ目する。
④トップクラウンの編み終わり側を裏側に折り、まつる。
⑤糸の始末をする。

P.46右 宇宙人帽子

● 使用糸
Opal 毛糸
ロリポップ・グリーン（KFS 102）50g
● 用具
輪針(40cm)　3号(3mm)
とじ針
● ゲージ(10cm四方)
メリヤス編み　30目　40段
● でき上がり寸法
首まわり 40.5cm
● 編み方
①「編み進むつくり目」で目をつくり、「2目ゴム編み」でベルトを輪に編む。
②往復編みでサイドクラウンを「レリーフ編み」で編む。
③トップクラウンを往復編みで、□・■から目を拾いながら「レリーフ編み」で編み、編み終わりの目を伏せ目する。
④トップクラウンの編み終わり側を裏側に折り、まつる。
⑤糸の始末をする。

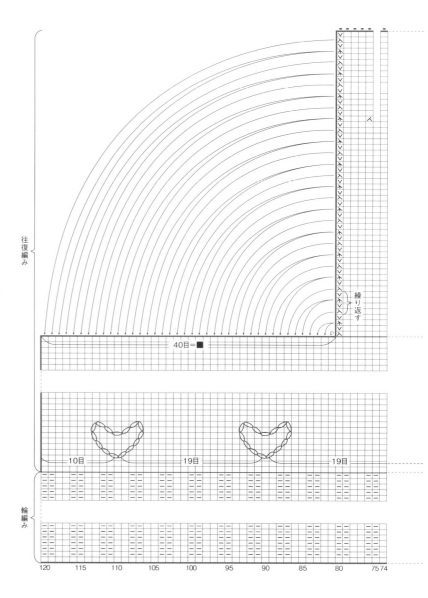

〈宇宙人帽子〉(共通)

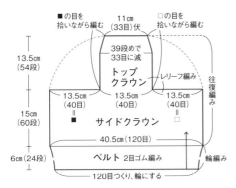

P.46左のレリーフ編み
メリヤス編みで編み、ピンクの段で編み方図の目数の間隔で編み進むつくり目(くさり15目)をつくり、「ハート」を編む

P.46右のレリーフ編み
メリヤス編みで編み、各色の変わり目で「玉 表編み」を編む

〈仕上げ〉

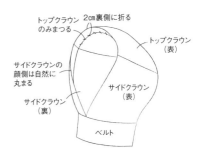

〈宇宙人帽子の編み方図〉(共通)

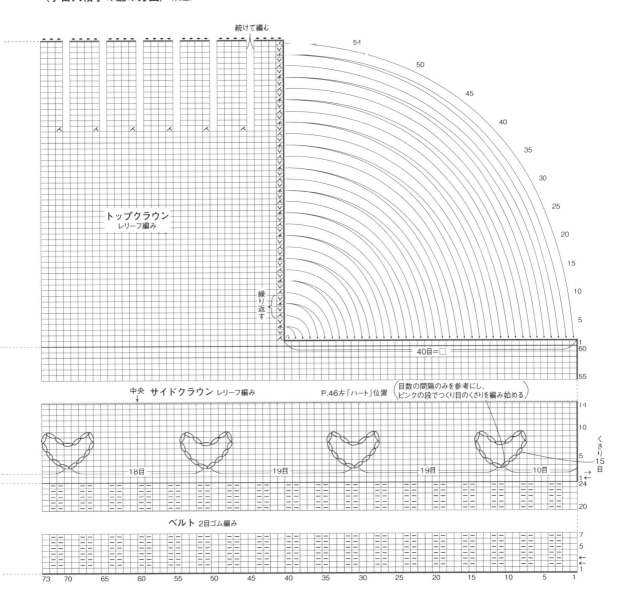

P.45 ロング アームウォーマー

- 使用糸
Opal 毛糸
チリ（KFS 132）60g
- 用具
5本針　3号(3mm)
とじ針
- ゲージ（10cm四方）
メリヤス編み　28目　41.5段
- でき上がり寸法
手首まわり20cm
- 編み方
①「編み進むつくり目」で目をつくり、「2目ゴム編み」「メリヤス編み」でロング アームウォーマーを輪に編む。途中、親指通し穴をあける。
②編み終わりの目を伏せ目にする。
③糸の始末をする。

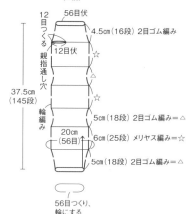

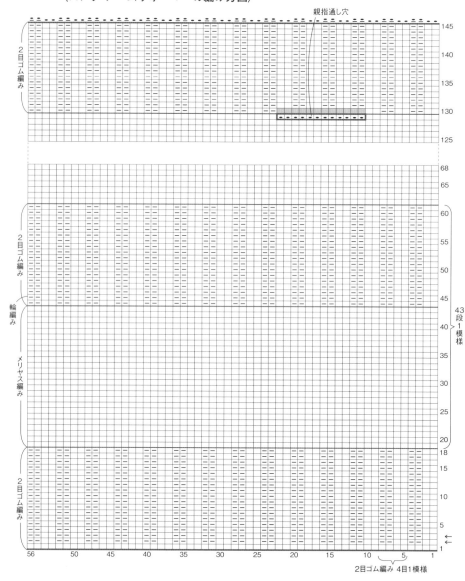

P.48 模様編みと玉の腹巻帽子

- 使用糸
Opal 毛糸
A色　気仙沼 桜（KFS 106）45g
B色　単色　ナチュラルホワイト（Un14）130g
- 用具
輪針(40cm)　6号(4mm)・3号(3mm)
とじ針
- ゲージ（10cm四方）
メリヤス編み（2本取り）19.5目　32.5段
模様編み（1本）29.5目　38段
- でき上がり寸法
頭まわり55cm　丈 約54cm
- 編み方

①A色とB色で2本取りにして、「編み進むつくり目」で目をつくり、「レリーフ編み」で腹巻帽子Aを輪に編む。
②腹巻帽子Bを腹巻帽子Aに続けて、B色1本で「模様編み」で輪に編む。
③編み終わりの目をゆるめに伏せ目する。
④糸の始末をする。

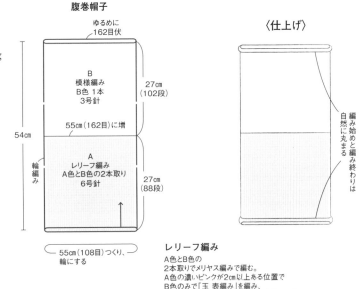

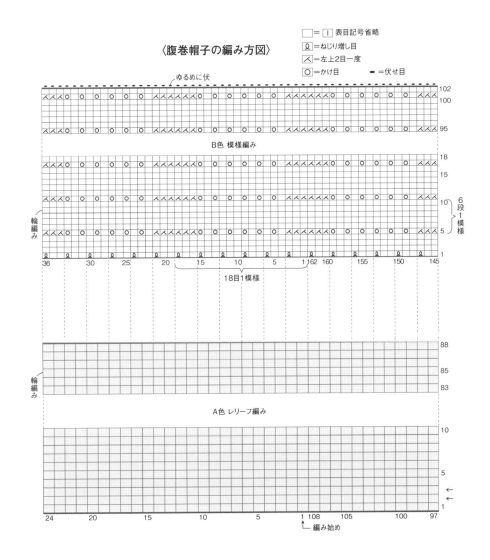

P.49 ロングフリンジのビーニー

● 使用糸
Opal 毛糸
リング（Relief 9493）50g
● 用具
輪針（40cm） 3号（3mm）
5本針 3号（3mm）
とじ針
● ゲージ（10cm四方）
メリヤス編み 28目 41段
● でき上がり寸法
頭まわり57cm
● 編み方
①「編み進むつくり目」で目をつくり、「レリーフ編みⓐ」で輪に編む。
②続けて「レリーフ編みⓑ」で輪に編む。
③編み終わりの目に糸を通し、絞る。
④糸の始末をする。
※輪針で編み始め、目が少なくなったら5本針で編む。

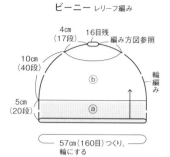

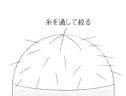

レリーフ編み
ⓐベースのメリヤス編みをチャコールで編み、チャコール以外の色を裏目で「反対編み」を編む
ⓑベースのメリヤス編みをチャコールで編み、チャコール以外の色で「ロングフリンジ」を編む

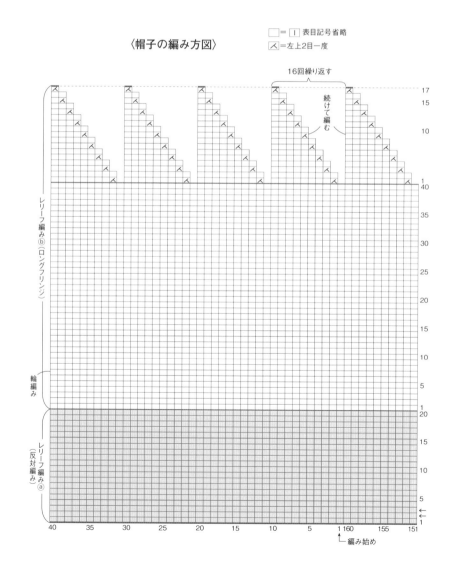

〈帽子の編み方図〉

P.50 オーバースカート

● 使用糸
Opal 毛糸
A色　お父さんの笑顔（KFS 118）100g
B色　Opal 単色　オリーブグリーン
　　　（5184）120g
● 用具
輪針（40cm）　3号（3mm）
5本針　3号（3mm）
とじ針
● ゲージ（10cm四方）
メリヤス編み　27.5目　39段
● でき上がり寸法
裾まわり115cm　スカート丈34.5cm
● 編み方
①「編み進むつくり目」で目をつくり、「2目ゴム編み」「メリヤス編み」「レリーフ編み」でスカートを編む。裾側は「ガーター編み」で編む。編み終わりの目を伏せ目する。
②ひもを「編み進むつくり目」で目をつくり、「メリヤス編み」で輪に編む。編み始めと編み終わりをそれぞれ、平らにして「メリヤスはぎ（P.85参照）」する。
③スカートとひもをすくいとじする。
④糸の始末をする。

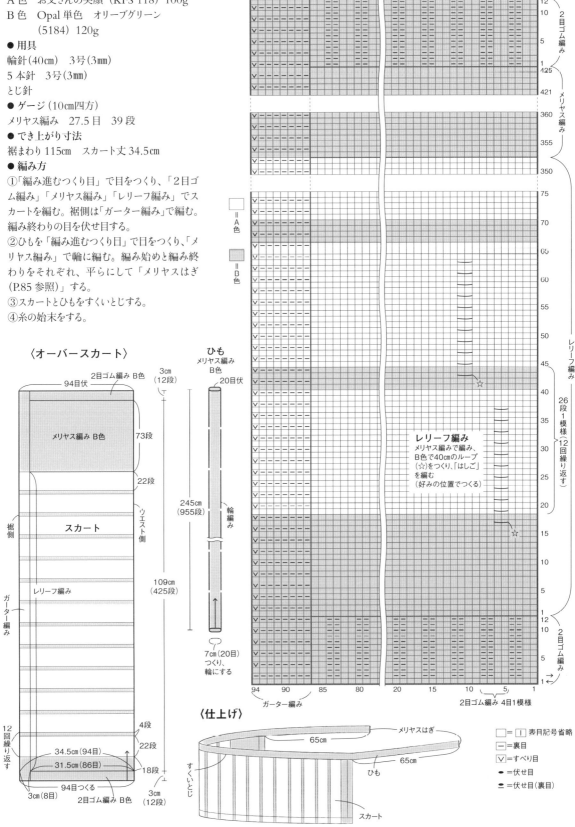

P.51 ルームシューズ

● 使用糸
Opal 毛糸
A色 単色 ナチュラルホワイト（Un14）60g
B色 ウェーブ（Relief 9494）20g
C色 赤ちゃんの笑顔（KFS 116）20g
D色 気仙沼 祭（KFS 138）25g
● 用具
輪針（40cm）6号（4mm）
とじ針
● ゲージ（10cm四方）
メリヤス編み（2本取り）20目 29段
● でき上がり寸法
サイズ約 25.5cm
● 編み方
※レリーフ編み「四角 裏編み」以外はすべて2本取りで編む。
①「編み進むつくり目」で目をつくり、「メリヤス編み」「レリーフ編み」「ガーター編み」でルームシューズ A・B をそれぞれ編み、編み終わりの目を伏せ目する。
②ルームシューズ A・B を組み立てながら、「すくいとじ」「目と段のはぎ」で縫い合わせ、形にする。
③糸の始末をする。

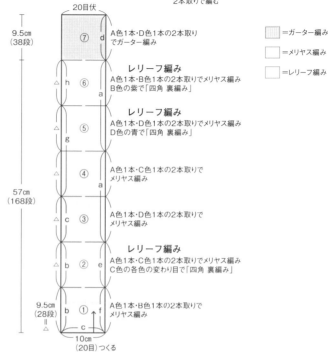

※⑦・⑩は各段の1目めをすべり目で編む
※レリーフ編みは（四角 裏編み）は両端2目はさけて編む

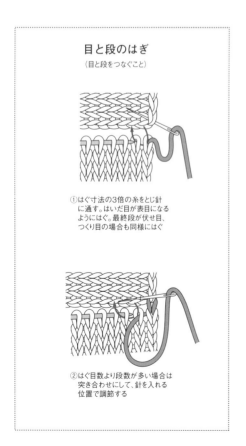

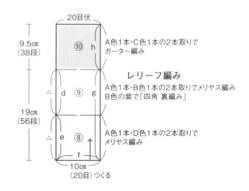

四角 裏編みの編み方

〈ルームシューズの組み立て方〉 　　　　　　　　　　　※突き合わせて、すくいとじ、目と段のはぎをする

1
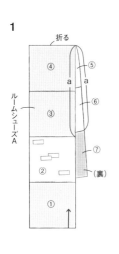

2
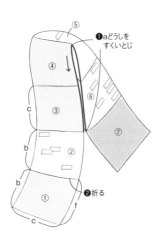

3
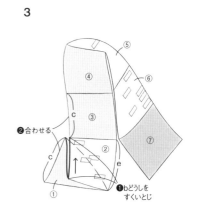

4
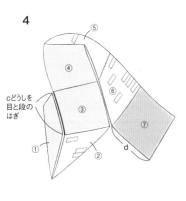

5
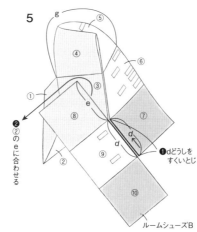

6
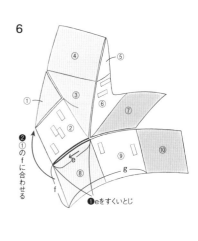

7
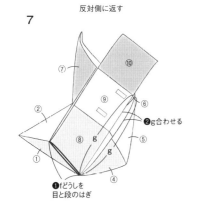

8
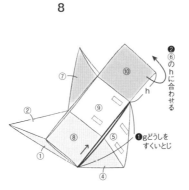

9 〈でき上がり〉
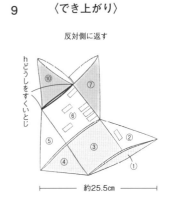

約25.5cm

95

P.52 左 バックワーズ ベスト（レディース）

- 使用糸

Opal 毛糸
A色　サーカス（KFS 100）110g
B色　アットホーム（KFS 126）110g

- 用具

輪針（60cm）　3号（3mm）
とじ針

- ゲージ（10cm四方）

メリヤス編み　28目　39段

- でき上がり寸法

胸まわり 102cm　着丈 52.5cm
ゆき丈 25.5cm

- 編み方

①「編み進むつくり目」で目をつくり、「2目ゴム編み」「レリーフ編み」で前後身頃を編む。袖口部分は「模様編み」で編む。前と後ろで色を替えて編む。
②編み終わりの目を伏せ目する。
③脇を「すくいとじ」する。
④肩を「メリヤスはぎ（P.85参照）」する。
⑤糸の始末をする。

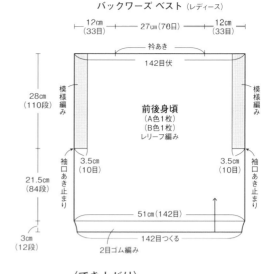

レリーフ編み
メリヤス編みで編む。
A色はピンクで、B色は赤で「右階段」「左階段」を編む。
色の変わり目が中央から右側なら「左階段」左側なら「右階段」で編み、「右階段」「左階段」の編み始めは肩から20cm下までにし、それ以上は編まない

□ ＝ │ 表目記号省略
─ ＝ 裏目
Ⅴ ＝ すべり目
● ＝ 伏せ目

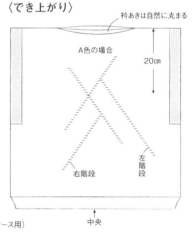

〈バックワーズ ベストの編み方図〉（レディース用）

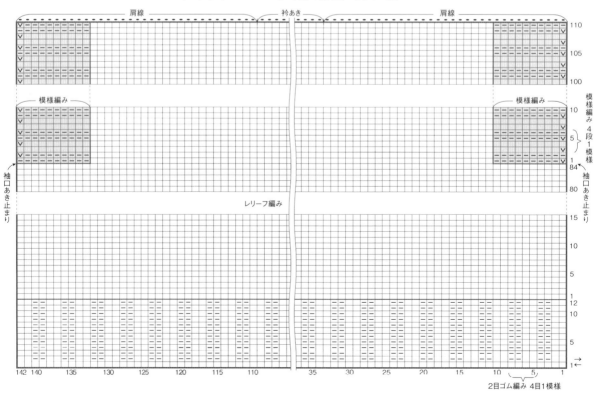

P.52右 バックワーズ ベスト (キッズ)

● 使用糸
Opal毛糸
A色　遊園地（KFS 125）60g
B色　気仙沼 森（KFS 108）60g

● 用具
輪針(40cm)　3号(3mm)
とじ針

● ゲージ（10cm四方）
メリヤス編み　28目　39段

● でき上がり寸法
胸まわり81cm　着丈34cm
ゆき丈約20cm

● 編み方
①「編み進むつくり目」で目をつくり、「2目ゴム編み」「レリーフ編み」で前後身頃を編む。袖口部分は「模様編み」で編む。前と後ろで色を替えて編む。
②編み終わりの目を伏せ目する。
③脇を「すくいとじ」する。
④肩を「メリヤスはぎ（P.85 参照）」する。
⑤糸の始末をする。

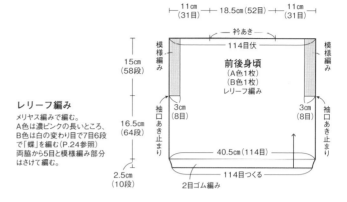

レリーフ編み
メリヤス編みで編む。
A色は濃ピンクの長いところ、B色は白の変わり目で7目6段で「蝶」を編む（P.24参照）
両脇から5目と模様編み部分ははさけて編む。

〈でき上がり〉

〈蝶(7目)の編み方図〉

〈バックワーズ ベストの編み方図〉（キッズ用）

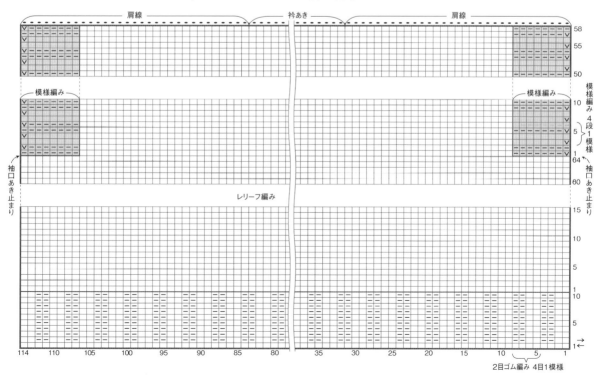

P.54 バックテール ベスト

● 使用糸
Opal毛糸
A色　トライアングル（Relief 9495）100g
B色　ボール（Relief 9491）75g
C色　単色　ブラック（Un06）75g

● 用具
輪針（80cm・60cm×2本・40cm）3号（3mm）
とじ針

● ゲージ（10cm四方）
メリヤス編み　25.5目　39段

● でき上がり寸法
胸まわり117cm　着丈50.5cm
ゆき丈約33cm

● 編み方
①「針を残すつくり目（輪針80cm）」で目をつくり、C色で「メリヤス編み」、A色で「レリーフ編みⓐ〜ⓔ」で後ろ身頃を編み（輪針60cm）、袖口と脇に目を分けて休める。
②前身頃の袖口を「針を残すつくり目」でつくり（輪針60cm）、脇は後ろ身頃（★）から続けて編む。C色で「メリヤス編み」、B色で「レリーフ編みⒻ〜ⓙ」で編む。
③右脇（☆）を「メリヤスはぎ（P.111 参照）」する。
④肩を「すくいとじ」する。
⑤袖口（輪針40cm）・裾（輪針60cm）をC色でそれぞれ「2目ゴム編み」で輪に編み、編み終わりの目を伏せ目する。
⑥糸の始末をする。

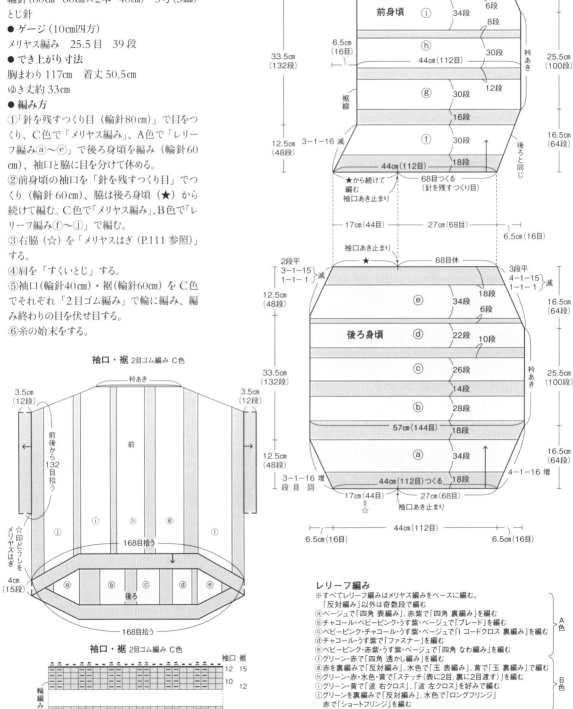

レリーフ編み
※すべてレリーフ編みはメリヤス編みをベースに編む。
「反対編み」以外は奇数段で編む
ⓐベージュで「四角 表編み」、赤紫で「四角 裏編み」を編む
ⓑチャコール・ベビーピンク・うす紫・ベージュで「ブレード」を編む
ⓒベビーピンク・チャコール・うす紫・ベージュで「I コードクロス 裏編み」を編む
ⓓチャコール・うす紫で「ファスナー」を編む
ⓔベビーピンク・赤紫・うす紫・ベージュで「四角 なわ編み」を編む
ⓕグリーン・赤で「四角 透かし編み」を編む
ⓖ赤を裏編みで「反対編み」、水色で「玉 表編み」、黄で「玉 裏編み」を編む
ⓗグリーン・赤・水色・黄で「ステッチ（表に2目、裏に2目渡す）」を編む
ⓘグリーン・黄で「波 右クロス」、「波 左クロス」を好みで編む
ⓙグリーンを裏編みで「反対編み」、水色で「ロングフリンジ」赤で「ショートフリンジ」を編む

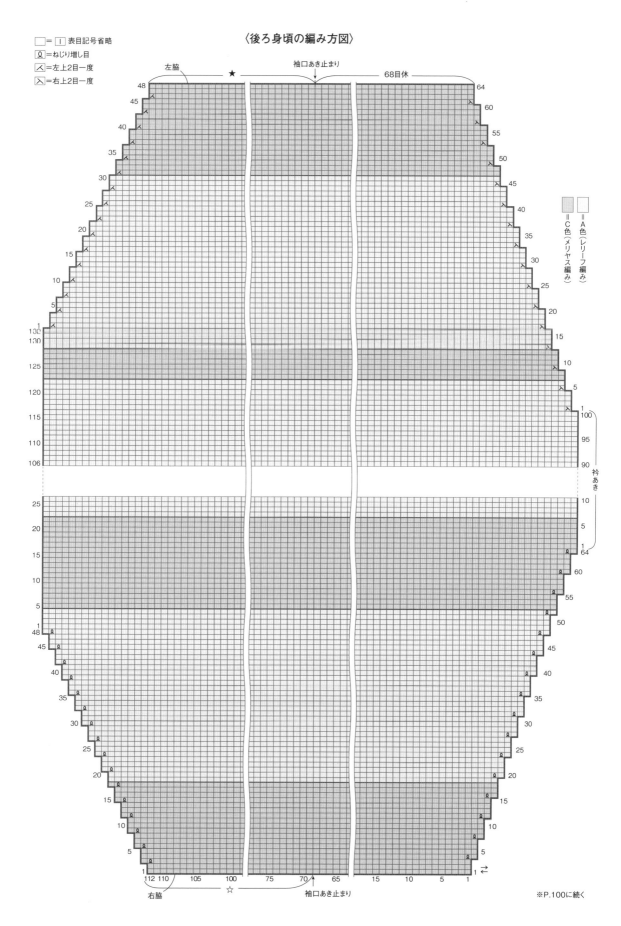

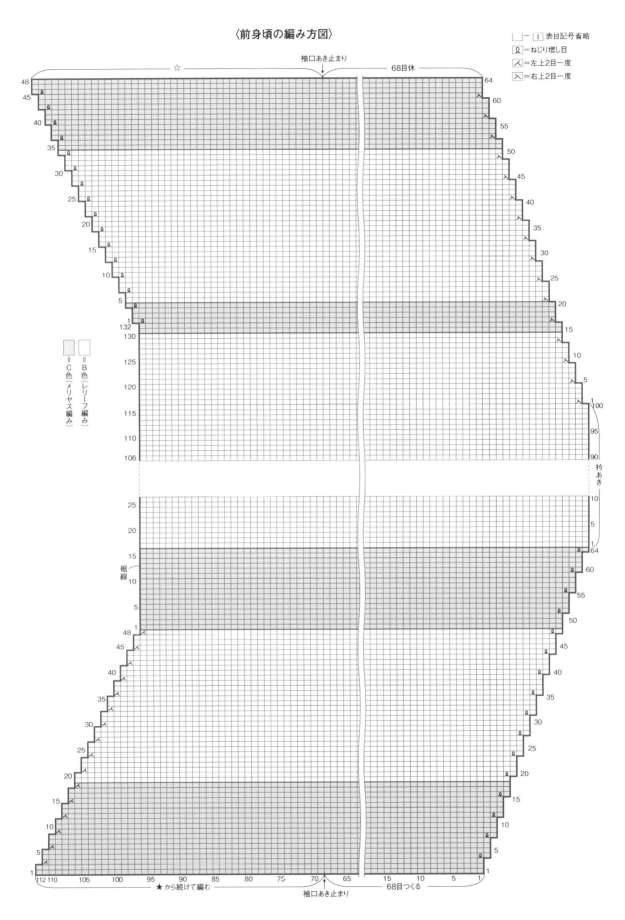

P.55 丸ヨークセーター

● 使用糸
Opal 毛糸
A色　リング（Relief 9493）215g
B色　単色　チャコール（Un15）115g
● 用具
輪針（60cm×2本・40cm）　3号（3mm）
5本棒針　3号（3mm）
とじ針
● ゲージ（10cm四方）
メリヤス編み　28目　38段
● でき上がり寸法
胸まわり104cm　着丈56.5cm
ゆき丈約71.5cm
● 編み方
①B色で「針を残すつくり目（輪針60cm）」で目をつくり、「メリヤス編み」でヨークを輪に編む（ヨークの編み始めは輪針40cmで編み、目が多くなったら輪針60cmで編む）。
②A色でヨークの△と▲からそれぞれ目を拾い、前後身頃（輪針60cm）を「レリーフ編み」で輪に編み、続けて裾を「2目ゴム編み」で編む。編み終わりの目を伏せ目する。
③A色でヨークの☆と★からそれぞれ目を拾い、袖（5本針）を「レリーフ編み」で輪に編み、続けて袖口を「2目ゴム編み」で編む。編み終わりの目を伏せ目する。
④衿をB色でヨークのつくり目から目を拾い、「2目ゴム編み」で輪に編む。編み終わりの目をゆるめに伏せ目する。
⑤糸の始末をする。

※P.102・103に続く

〈丸ヨークセーター〉

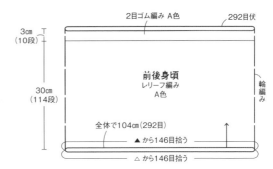

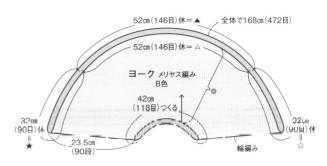

レリーフ編み
メリヤス編みでベースを編み、黄・ピンク・グリーンの各色で「波 右クロス」「波 左クロス」を編む。
右左のクロスは好みで編む。
「波 右クロス」「波 左クロス」が重なる場合はそのままメリヤス編みで編み、2段以上間隔をあける

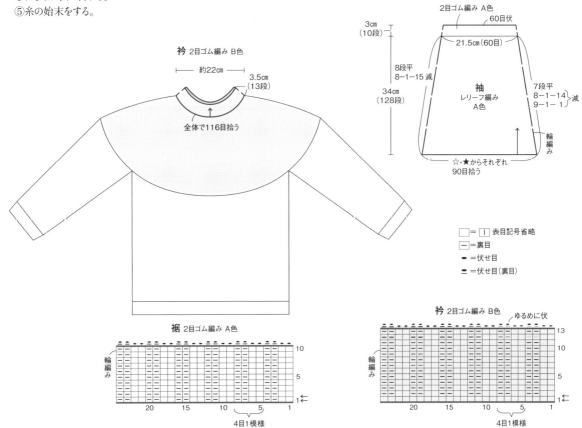

□ = ｜ 表目記号省略
― = 裏目
● = 伏せ目
＝ = 伏せ目（裏目）

101

〈ヨークの編み方図〉 メリヤス編み B色　　　□=[|] 表目記号省略
　　　　　　　　　　　　　　　　　　　　　Ω=ねじり増し目

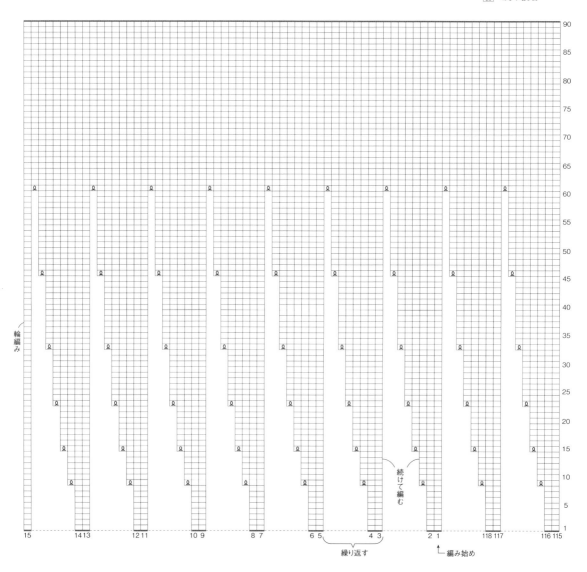

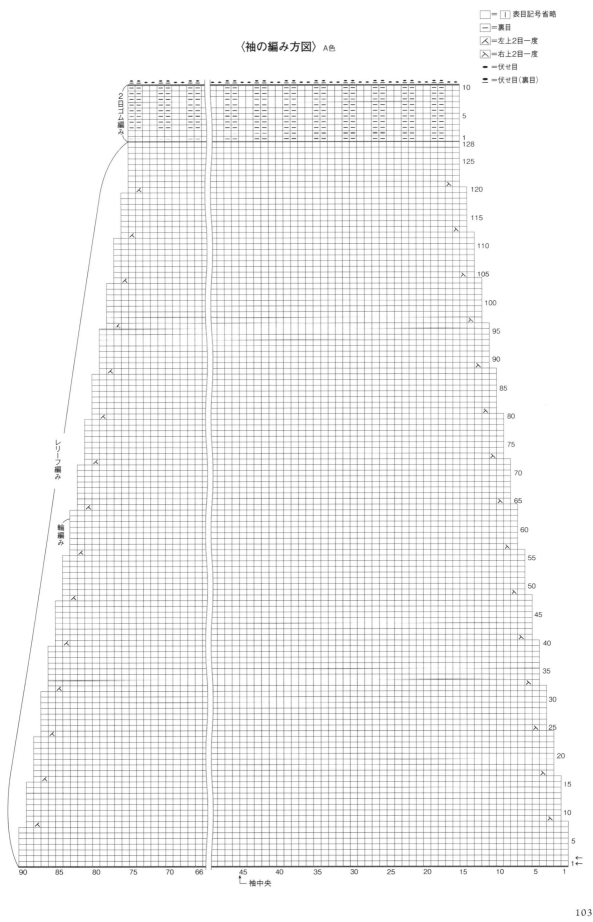

P.56 オリジナル毛糸のブランケット

● 使用糸
Opal 毛糸　各10g
Ⓐ 単色 エレファント・グレー (Un05)
　おじいちゃんの笑顔 (KFS 119)
　お母さんの笑顔 (KFS 115)
　お父さんの笑顔 (KFS 118)
Ⓑ 単色 ナチュラルホワイト (Un14)
　遊園地 (KFS 125)
　気仙沼 ゼブラ (KFS 127)
　気仙沼 テントウムシ (KFS 137)
Ⓒ 単色 おとめつばき (Un08)
　チリ (KFS 132)
　アイスクリーム (KFS 128)
　紫キャベツ (KFS 131)
Ⓓ 単色 ずんだ (Un01)
　アットホーム (KFS 126)
　気仙沼 森 (KFS 108)
　気仙沼 海 (KFS 107)
Ⓔ 単色 つつじ (Un10)
　単色 たんぽぽ (Un07)
　単色 あやめ (Un09)
　単色 ブラック (Un06)
Ⓕ 単色 あずき (Un02)
　ライラック (KFS 110)
　ワインレッド (KFS 103)
　アイスランド・ロピー (KFS 104)
Ⓖ 単色 なでしこ (Un04)
　気仙沼 祭 (KFS 138)
　マイ スマイル (KFS 123)
　ロリポップ・グリーン (KFS 102)
Ⓗ 単色 藍 (Un12)
　サーカス (KFS 100)
　赤ずきんちゃん (KFS 112)
　赤ちゃんの笑顔 (KFS 116)
Ⓘ 単色 りんどう (Un11)
　おばあちゃんの笑顔 (KFS 114)
　ベリースムージー (KFS 158)
　スパイス (KFS 129)

● 用具
輪針(40cm)　3号(3mm)
とじ針

● ゲージ (10cm四方)
メリヤス編み　27目　40段

● でき上がり寸法
約81×81cm

● 編み方
①「編み進むつくり目」で目をつくり、「レリーフ編み」でモチーフⒶ～Ⓘを編む。
②モチーフⒶ～Ⓘを「目と段のはぎ (P.94参照)」でつなぐ。
③糸の始末をする。
④周囲を折り、裏側でまつる。

〈Ⓐのモチーフの編み方〉　モチーフ共通

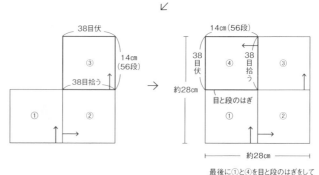

モチーフのつなぎ方

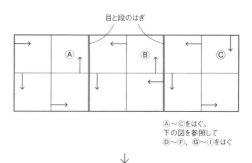

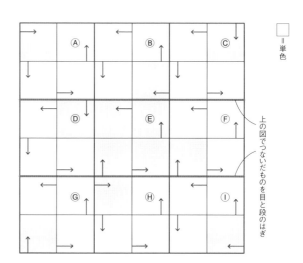

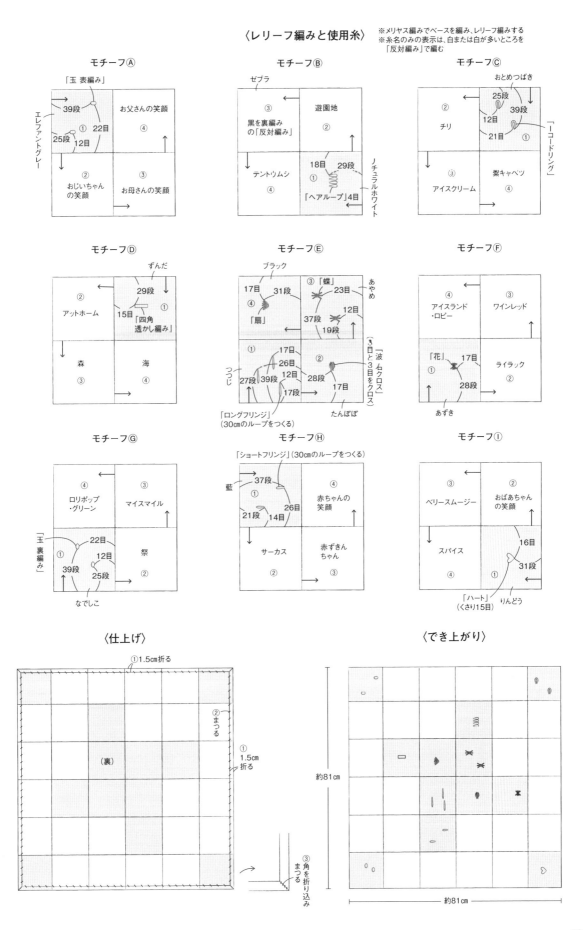

P.57 レリーフ毛糸のブランケット

● 使用糸
Opal毛糸 各60g
スクエア（Relief 9490）
ボール（Relief 9491）
ライン（Relief 9492）
リング（Relief 9493）
ウェーブ（Relief 9494）
トライアングル（Relief 9495）
● 用具
輪針（40cm） 3号（3mm）
とじ針
● ゲージ（10cm四方）
メリヤス編み 27目 40段
● でき上がり寸法
約81×81cm
● 編み方
①「編み進むつくり目」で目をつくり、「メリヤス編み」「レリーフ編み」でモチーフⒶ～Ⓘを編む。
②モチーフⒶ～Ⓘを「目と段のはぎ（P.94参照）」でつなぐ。
③糸の始末をする。
④周囲を折り、裏側でまつる（P.105参照）。

〈レリーフ編みと使用糸〉

※（ ）内の色でメリヤス編みをベースに編む
※「反対編み」は「裏側（表目）でも編む

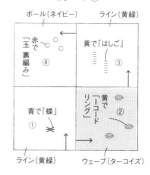

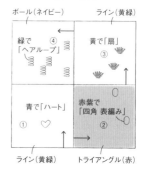

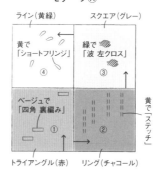

〈モチーフのはぎ方〉　　　　　　　　　〈でき上がり〉

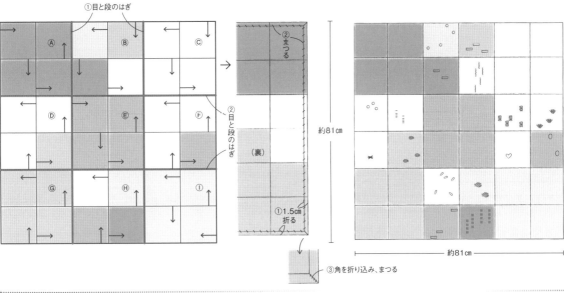

P.58 エッグカバー

● 使用糸
Opal毛糸　各3g
a お母さんの笑顔（KFS 115）
b スパイス（KFS 129）
c ライラック（KFS 110）
d リング（Relief 9493）
e ライン（Relief 9492）
f 気仙沼ゼブラ（KFS 127）
g ロリポップ・グリーン（KFS 102）
h スクエア（Relief 9490）
i 赤ずきんちゃん（KFS 112）
j 気仙沼祭（KFS 138）

● 用具
5本針　3号（3mm）
とじ針

● でき上がり寸法
エッグカバーまわり11cm

● 編み方
①「編み進むつくり目」で目をつくり、「2目ゴム編み」「レリーフ編み」でエッグカバーを輪に編む。編み終わりの目に糸を通し、絞る。
②ポンポンをつくり、付ける。
③糸の始末をする。

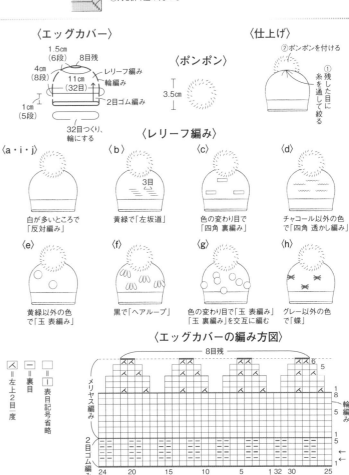

P.59 ミニ靴下のブローチ

- 使用糸
Opal 毛糸　5g
気仙沼 祭（KFS 138）
- 用具
5本針　1号（2.5mm）
とじ針
- 付属品
ブローチピン（25mm）　1個
- でき上がり寸法
約7cm
- 編み方
①「編み進むつくり目」で目をつくり、足首を「レリーフ編み」で輪に編む。
②往復編みでかかとを「メリヤス編み」で編む。
③足首・かかとから目を拾い、甲・底を、「レリーフ編み」で輪に編む。
④甲・底から続けて、つま先を「メリヤス編み」で編む。
⑤編み終わりの目に糸を通し、絞る。
⑥糸の始末をする。
⑦後ろ側にブローチピンを付ける。

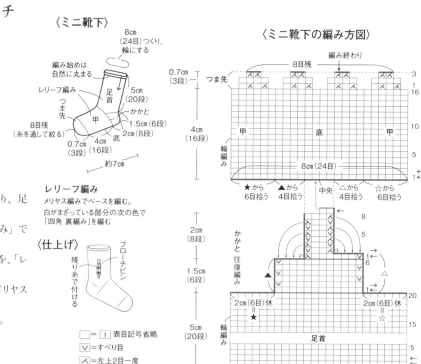

P.59 Ｉコードのネックレス

- 使用糸
Opal 毛糸
スクエア（Relief 9490）10g
- 用具
5本針（2本のみ使用）　3号（3mm）
とじ針
- でき上がり寸法
太さ約1cm　長さ130cm
- 編み方
①P.77を参照にＩコードを編む。
②編み始めと編み終わりを「メリヤスはぎ」する。
③糸の始末をする。

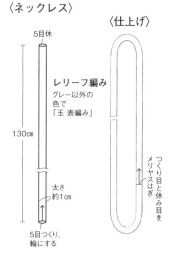

P.59 Ｉコードのブレスレット

- 使用糸
Opal 毛糸
ウェーブ（Relief 9494）3g
- 用具
5本針（2本のみ使用）　3号（3mm）
とじ針
- 付属品
ボタン（直径1.5cm）　1個
- でき上がり寸法
太さ約1cm　手首まわり約39cm
- 編み方
①P.77を参照にＩコードを編む。
②編み終わりの目に、残した糸を通して絞り、くさりを編んでボタンループをつくる。
③編み始めの残した糸を1段めに通し、絞り、ボタンを付ける。
④糸の始末をする。

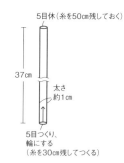

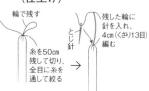
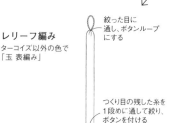

棒針編みの基礎

〈往復編みと輪編み〉

往復編み（平編み）
2本の針で往復して編む。裏側を見ながら編む段は、表目は裏目に、裏目は表目に、記号とは逆に頭のなかで置き換える

輪編み
4本針や輪針で、らせん状に編む。編み地が筒状になり、編み地を返すことなく、常に表側を見て編むので、記号どおりに編む

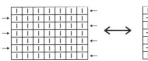

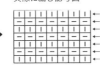

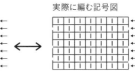

〈ゲージについて〉

ゲージとは？
10cm四方の中に編まれている編み目数と段数のこと。同じ糸と針で編んでも編む人の手加減によって異なるため、指定どおりのサイズに仕上げるための目安にする

ゲージの測り方
20cm四方くらいの編み地を編み、スチームアイロンで編み地を整え、中央部分に定規を当て、10cmに何目何段あるかを数える

ゲージの合わせ方
指定より目数が少ないときは編み針を1〜2号細い針に、指定より目数が多いときは編み針を1〜2号太い針に替えて編む

※レリーフ編みの場合は、レリーフの種類や数でゲージが変わるのでメリヤス編みを基本のゲージとして表示

〈編み針の表記について〉

日本の編み針は号数表記ですが、マルティナさんの故郷のドイツ（ヨーロッパ）ではmm表記が基本。本誌はどちらでも編めるように両方とも用具に表示

2本棒針 1号（2.5mm）

日本の規格 ← → ヨーロッパの規格

編み針（棒針）の表記

日本の規格（号）	ヨーロッパの規格
0号〈2.1mm〉	2.0mm
1号〈2.4mm〉	2.5mm
2号〈2.7mm〉	2.75mm
3号〈3.0mm〉	3.0mm
4号〈3.3mm〉	3.25mm
5号〈3.6mm〉	3.5mm
6号〈3.9mm〉	4.0mm
7号〈4.2mm〉	
8号〈4.5mm〉	4.5mm

〈 〉内は実際の寸法

編み目記号

| 〈表目〉 | 〈裏目〉 |

①糸を針の向こう側に置き、右の針を矢印のように手前側から入れる

②右の針に下から糸をかけ、矢印のように手前側に糸を引き出す

①糸を針の手前側に置き、右の針を矢印のように向こう側から入れる

②右の針に上から糸をかけ、矢印のように向こう側に糸を引き出す

〈伏せ目〉　〈伏せ目（裏目）〉

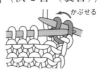 

①最終段を編んだら、表目を2目編み、右側の目を左側の目にかぶせる

②次の目からは、表目を編み、前の目をかぶせるを繰り返す

①最終段を編んだら、裏目を2目編み、右側の目を左側の目にかぶせる

②次の目からは、裏目を編み、前の目をかぶせるを繰り返す

※「ゆるく伏せる」と書いてあるところは2号太い針で伏せると、伏せやすい

※「ゆるく伏せる」と書いてあるところは2号太い針で伏せると、伏せやすい

｜V｜〈すべり目〉

①矢印のように右の針を入れる

②目を編まずに右側に移す。糸は裏側に渡す

｜O｜〈かけ目〉

①右針に糸をかける

②次の目を編む。目が1目増える

｜人｜〈左上2目一度〉

①左針の2目に矢印のように、右針を入れる

②そのまま、2目一緒に表目を編む

｜入｜〈右上2目一度〉

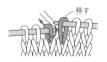

①左針の1目を編まずに右針に移し、次の目を表目で編む

②左針を使い、移した右の目を左の目にかぶせる

〈左上2目一度（裏目）〉

①左針の2目に矢印のように、右針を入れる

②そのまま、2目一緒に裏目を編む

〈右上2目一度（裏目）〉

①Aが手前に、Bが向こう側になるように、編まずにAとBを入れ替える

②戻した2目に矢印のように向こう側から針を入れ、2目一緒に裏目を編む

｜Ω｜〈ねじり目〉

①糸を針の向こう側に置き、右の針を矢印のように入れる

②表目を編む要領で右の針に下から糸をかけ、矢印のように手前側に糸を引き出す

｜Ω｜〈ねじり増し目〉 ※ねじり目と同じ記号

①前段の目と目の間に渡っている糸を左針で矢印のように引き上げる

②表目のねじり目を編む要領で編む

③ねじり増し目が編め、1目増える

｜木｜〈左上3目一度〉

①右針を矢印のように入れる

②そのまま、3目一度に表目を編む

③3目一度の編み上がり

｜入｜〈右上3目一度〉

 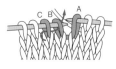

①Aの目に右の針を矢印のように入れて、右の針に移す

②CとBの目に右針を矢印のように入れ、左上2目一度に編む

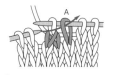 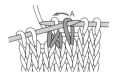

③右に移したAの目に左の針を矢印のように入れる

④左上2目一度に編んだ目にAの目を矢印のようにかぶせる

はぎ（目と目をつなぐこと）

〈メリヤスはぎ〉 ※「針を残すつくり目」とのはぎ方。針を残すつくり目は、目の向きが交互になるので、ねじらないようにはぐ。

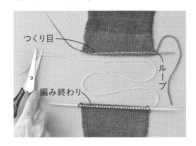

1. 編み終わりの糸を、はぎ寸法の約3倍残して切り、とじ針に通す

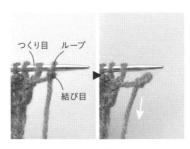

2. 編み始めのループを輪針からはずし、糸を引いて結び目をほどく

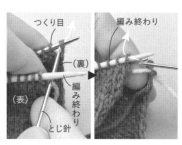

3. 編み地の裏どうしを合わせ、矢印のようにつくり目と編み終わりの1目めに、とじ針を通す

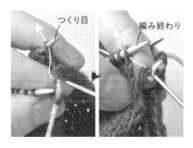

4. 矢印のように、つくり目と編み終わりの1目めと2目めにとじ針を通す

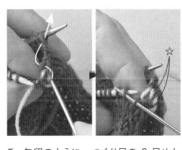

5. 矢印のように、つくり目の2目めと3目めにとじ針を通し、編み終わりの2目めと3目めは4と同様に通す

6. 4・5を繰り返す。1目はぐごとに目を整え、端まではぐ

※4・5ではぎ目が表目（5の☆）のようにならない場合は5・4の順に針を入れる

とじ（段と段をつなぐこと）

〈すくいとじ〉

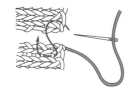

① とじ針に糸を通し、矢印のように目と目の間に渡っている糸2本に針を入れてとじる

② 細い糸の場合はこのように2段分ずつとじる。太い糸の場合は1本ずつ（1段ごと）とじても良い

糸の始末

〈編み端が表側に丸まる場合〉

 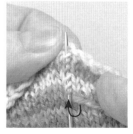

1. 端が表側に丸まるので、表側で始末する。糸をとじ針に通し、たての目にくぐらせる

2. 折り返し、とじ針を目にくぐらせて通す。周りの編み地を引っ張ってなじませ、糸を切る

編み始めの色と柄のそろえ方

同じ色で編み始める

本誌で使用している Opal 毛糸は、色の繰り返しがある段染め毛糸なので、編み始めの糸の色によって作品全体の雰囲気が大きく変わる。
段染め色の出方は、おおまかに糸玉で見極められるので（P.67 色の長さとレリーフの関係参照）、編み始める前に、糸玉から糸を長めに出し、好みの色から編み始める。
2個で1組のもの（靴下・アームカバー・リストバンドなど）は、編み始めの色をそろえて編むと、同じ柄に編み上がる。

梅村マルティナ　Umemura Martina

ドイツ生まれ。1987年、医学研究者として来日。
京都大学大学院医学研究科博士課程修了ののち、ドイツ語講師として働きながら、
ドイツ製の毛糸「オパール」を使った編み物作品を制作し、評判に。
東日本大震災後、宮城県気仙沼の避難所に毛糸を送ったことをきっかけに活動の場が広がり、
2012年に「梅村マルティナ気仙沼FSアトリエ(KFS)」を設立。
毛糸の輸入販売、毛糸製品の加工・販売、編み物教室などを行っている。

〈撮影〉
大森忠明（カバー、P.1～3、5～16、
36～60、61の左下・右、62の左中・右、
63の上、70）
村尾香織（表紙、P.17～35、61の左上、
62の左上、63の毛糸、64、65、67～69、
71～73、109、111、112）
村林千賀子（P.62の左下、66）

〈スタイリング〉
西森 萌（カバー、P.1～3、5～16、
36～60、70）

〈ヘア＆メイク〉
成田祥子

〈モデル〉
Hanna
ルーシー・ピーク
鈴木政寛

〈取材・文〉
渡辺尚子（P.4～16、36～63）

〈構成・文〉
柳沢ゆり（P.17～35、68、69、
71～111）

〈編み図トレース〉
たまスタヂオ

〈編み方指揮〉
鈴木裕美

〈作品制作〉
鈴木裕美（P.1、2、6～14、37、38、
41～45、48、50～57、59の下、63）
尾江加代子（P.1、8、9、40、49）
開田 恵（P.10、11）
岡崎敦子（P.10、16、36、58、59の上）
田口悦子（P.10）
米山陽子（P.10）

〈アートディレクション・デザイン〉
後藤美奈子

〈校正〉
鳥光信子

〈編集〉
田村久美

〈衣装協力〉
コンジェ ペイエ アデュー トリステス
☎03-6861-7658

〈撮影協力〉
AWABEES（アワビーズ）

〈Special Thanks（50音順・敬称略）〉
梅村亜門／梅村博志／梅村侶澪／Eva
Golan／大下裕子／栗山静子／澤村
美佐子／玉城恭子／塚本正子（あみぐ
るミント）＆KFSスタッフの皆さん

この本の編み方に関するお問い合わせ
✉info@kfsatelier.co.jp

レリーフ編み

発行日　2019年10月31日　初版第1刷発行
　　　　2023年10月31日　　　第2刷発行

著者　　梅村マルティナ
発行者　小池英彦
発行所　株式会社 扶桑社
　　　　〒105-8070 東京都港区芝浦1-1-1 浜松町ビルディング
　　　　☎03-6368-8808（編集）
　　　　☎03-6368-8891（郵便室）
　　　　www.fusosha.co.jp

印刷・製本　大日本印刷株式会社

© Martina Umemura 2019
Printed in Japan
ISBN978-4-594-08302-1

本書は2017年11月に地球丸より刊行された『レリーフ編み』を、
一部加筆・修正し、改訂したものです。
「梅村マルティナの腹巻帽子」、および「マルティナオパール毛糸」は、
梅村マルティナ気仙沼FSアトリエ株式会社の登録商標です。
定価はカバーに表示してあります。
造本には十分注意しておりますが、落丁・乱丁（本のページの抜け
落ちや順序の間違い）の場合は、小社郵便室宛にお送りください。
送料は小社負担でお取り替えいたします（古書店で購入したものに
ついては、お取り替えできません）。
なお、本書のコピー、スキャン、デジタル化等の無断複製は著作権
法上の例外を除き禁じられています。本書を代行業者等の第三者に
依頼してスキャンやデジタル化することは、たとえ個人や家庭内で
の利用でも著作権法違反です。
本書に掲載されているデータは2019年9月20日現在のものです。